공존을 위한
인문 무크지 아크 6

기분

기분

허동윤

㈜상지엔지니어링건축사사무소 대표이사로 '건축은 인문에 다름아니다'라는 생각을 가지고 있다. 2007년부터 열린부산·도시건축포럼을, 2017년부터 상지인문학아카데미를 운영하고 있다. 2020년부터는 인문 무크지 『아크』를 발간하고 있다.

명랑한 기분이
넘쳤으면 하는 바람

인문 무크지 아크가 호를 거듭하면서 주변 독자분들은 제게 다음 호의 주제가 뭔지 물어옵니다. 저는 천기누설이라며 책이 나올 때까지 알려 드리지 않고 있습니다.

궁금증과 호기심을 불러일으키기 위해서가 아니라 주제에 따른 저의 신중치 못한 단견을 미연에 방지하고자 함입니다.

'기분'을 아크 6호 주제로 정했다는 말을 들었을 때도 그랬습니다. 우리의 일상을 둘러싸고 있는 이 '기분'으로 어떤 인문학적 내용을 담을 수 있겠나 했던 질문은 곧 어떤 내용이 담길지에 대한 기대로 이어졌습니다. 필자들이 보내주신 원고를 보면서 역시 아크의 이번 주제를 물어온 주변 독자에게 대답 안 하길 잘했다고 생각했습니다.

아크 6호에서 사회적 기분부터 개인의 기분까지 담고 있는 내용은 그동안 아크의 주제였던 휴먼부터 믿음, 자연, 환대, 그리고 소통에 이르기까지 일상적으로 접하며 우리가 쉽게 생각했던 단어가 품고 있는 인문적 가치와 함께 사회적 담론을 만들 것이라 기대합니다.

『감성지능 Emotional Intelligence 』의 저자인 다니엘 골맨 Daniel Goleman 은 '인간은 자신의 감정적인 상태를 다른 사람과 나누고자하는 본성을 지니고 있다'며 감정의 전염에 대해 이야기했습니다. 감정 전염은 호수에 던진 돌이 잔잔한 파장을 일으킨다 해서 '물결 효과'라고도 하는데, 존 카시오포 John Cacioppo 시카고대학교 심리학과 교수는 부정적인 감정이 긍정적인 감정보다 전염이 높다고 말합니다. 공포, 슬픔 등의 부정적인 감정은 인간의 생존에 직접 연관되어 있기에 더 민감하게 반응한다는 것입니다.

글만으로도 감정 전염이 일어난다고 하니, 이번 아크 6호 '기분'이 담은 개인의 기분, 사회의 기분에 관한 다양한 글들을 통해 나의 기분, 너의 기분, 우리의 기분, 나아가 사회를 둘러싸고 있는 기분에 대한 생각의 깊이를 더했으면 합니다.

바쁜 가운데서도 아크를 함께 만들어주신 편집위원들과 필자들의 열정과 진정성에 깊이 감사드립니다.

염세주의 철학자로 오해했던 쇼펜하우어는 '명랑한 기분'이 모두에게 이로움을 가져온다고 했습니다. 그는 명랑함이 오면 언제든 문을 열어주어라. 명랑함은 잘못된 때에 찾아오는 법이 결코 없다고 했습니다. 이번 호를 보면서 개인적으로도, 사회적으로도 명랑한 기분이 넘칠 수 있었으면 하는 바람을 가져봅니다.

고영란

월간 예술부산 기자, (사)한국예술문화비평가협회 사무국장과 계간『예술문화비평』편집장을 지냈다. ㈜상지건축 대외협력본부장으로 인문학아카데미를 기획, 진행하고 있으며 인문 무크지『아크』편집장이다.

타오

Editor's letter

蘭室有朋香滿座 난실유붕향만좌

난실에 벗이 있으니 향기가 자리에 가득하고

-聯句集-

절구 聯句 란 한 사람이 각각 한 구씩을 지어 이를 합하여 만든 시인데, 오래전부터 위의 구절을 좋아했습니다. 생각만 해도 난실의 향기가 스며드는 것 같아서입니다. 난실의 향기 때문일수도 있고, 좋은 벗과 함께하면 좋은 향이 자연스럽게 스며든다는 중의적 표현이 매력적이었습니다.

좋은 향은 사람을 기분 좋게 하고, 좋은 벗은 나도 좋은 사람이 되고자 하는 바람을 불러일으킵니다. 저도 그런 사람이 되고 싶었습니다.

하지만, 늘 좋을 수만은 없었습니다. 감정이 먼저인지, 기분이 먼저인지는 모르겠지만 똑같은 상황인데도 어떨 때는 아무렇지도 않게 넘어가는 일이 가끔은 심하게 요동쳐 스스로에게 실망할 때도 있습니다.

라캉의 말처럼 '타인의 욕망을 욕망하는', 그로 인해 기분이 좌우되고 있었습니다. 그러니 기분은 오로지 나의 것이 아닌 타인, 혹은 상황에 지배당했던 겁니다.

타인이 보는 나가 아니라 내가 보는 나의 기분은 무엇일까. 내 안에 똬리를 틀고 앉은 수많은 감정의 스펙트럼이 하나의 경향성을 향해 가지 않기를, 그 다양성을 스스로 인정하고 불편한 것도 그대로 볼 수 있는 '평상심'에 대한 생각을 했습니다.

아크 6호 『기분』을 여는 첫 글은 「당신의 기분은 어떠십니까? 기분의 철학적 의미」 박유정 입니다. 우리가 가지는 기분은 감정이라 무시해도 되는 것이 아니라 오히려 우리의 처지, 우리가 처해 있는 근본적인 상황을 바로 적시해 주는 단초라고 얘기합니다. 하이데거의 존재론적 기분은 현대사회에서 우울과 신경증으로 변했기에 존재에 귀 기울일 때 희망이 될 수 있다고 합니다. 왜냐면 인간은 존재의 말 건넴에 귀 기울이고 그에 응답하는 한에서만 인간일 수 있기 때문이라고 합니다.

「기분 氣分 의 기술 技術」 장현정 은 '기분'의 한자, 영어, 그리고 철학적 사유까지 아우르며 이분법적 사유에서 벗어나 극단에 치우치지 않는, 어느 정도 나눌 것인가의 기술, 기분의 기술을 연마하는 게 중요한 것 아닐까라고 질문합니다.

「기 氣 와 분 分 , 그리고 기분」 송철호 은 기분에서 '분 分'은 나누고 베푸는 것이기에 끊임없이 자신을 돌아보아 수신하여 좋은 기를 몸과 마음에 가득 차게 하는 것, 좋은 기가 저절로 밖으로 드러나서 내 표정과 내 말과 행동이 평안하고 즐거운 것, 그런 표정과 말과 행동으로 남을 대함으로써 남도 즐겁고 평안하게 하는 것, 이것이 기분의 본래 의미라고 합니다.

「개인과 사회의 체온계 기분과 문학」박형준 은 '기분'과 관련한 사전적 정의, 철학적 논의, 사회학적 함의, 심리학적 공과를 기분을 표제나 소재로 삼고 있는 구체적인 문학/작품 들 을 찾아 정리했고, 「예술과 기분, 그리고 멜랑콜리」이성희 는 위트릴로의 그림 속 흰색 거리의 모호한 분위기처럼 우리도 그런 안개 같은 것 속에 한동안 뭔지도 모른 채 헤매고 있을 때가 더러 있다며 기쁨도 아니고 슬픔도 아닌데 그 모든 감정의 근저를 조용히 흔들고 있는 것, 그것을 '기분'이라 할 수 있답니다. 기분이란 그런 불분명하고 모호한 지대라고 말입니다.

「서정시에서 '서정'이란 무엇인가?」장희창 는 서정시의 여러 양상을 소개하며 '서정성'이란 무엇인지 검토하고, 「기분은 내 마음대로 되지 않는다」이성철 에서는 기분이나 마음, 그리고 감정이나 정서가 단지 개인적인 수준에 그치는 것이 아니라,

공동체 또는 사회의 환경과 밀접한 관계가 있다는 것을 살펴보았습니다.

「일본인들의 기분이 어떠냐고요? 그건 받아들이기 나름입니다」류영진 는 일본인들이 받아들이는 기분의 다양한 해석이, 「부산, 기분이 좋아짐^^」강동진 은 부산이 훨씬 기분 좋은 도시로 나아갔으면 하는 바람이 담겨 있습니다.

「기분을 표현하는 법」오선영 은 문학뿐 아니라 일상생활에서 기분을 표현하기에 앞서 자신의 기분을 응시하는 일이 선행되어야 한다는 것을 말하고, 「두려움과 떨림의 오블리비언 oblivion」정훈 은 경험을 통해 늘 따라다니는 '기분'을 소설적으로 재구성했습니다.

「평정심, 평정심… 봉권아, 평정심….」조봉권 은 개인적인 것 같지만 결코 가볍지 않고, 「만나면 기분 좋은 사람」조광수 은 군자에 대한 생각을 하게 합니다.

그리고 우리의 건축과 도시는 제대로 이해할 수 있는지, '기분' 좋게 즐기고 있는지에 대한 고민을 던져 준 건축 「비어있는 곳의 기분」차윤석, 「바닷가 경관, 그 흥에 취하여」이한석 , 미학 「기분 감정의 합리성에 대하여」김종기 , 영화 「공기의 영화, K의 기분」조재휘 , 전통

타이

「기분, 화이트 트라우마를 유지하는 방식」심상교 등으로도 '기분'에 대한 사유의 폭을 넓힐 수 있습니다.

인문 무크지 아크 6호 주제를 기분으로 정하고부터는 늘 '기분'이 따라 다녔습니다. 휴대폰 문자를 보낼 때도, '좋은 하루 되세요'가 아닌, '기분 좋은 하루 되세요'라고, 그동안 미처 챙기지 못한 기분을 살피게 됐습니다.

아크 6호『기분』을 엮으며 만난 총 18편의 글은 제게 '난실의 벗'이 되었습니다. 아크가 독자들에게도 '난실의 벗'으로 스며들었으면 하는 바람입니다.

박유정

부산대학교 철학과에서 철학 박사 학위를 받았고, 동대학 인문학연구소에서 Post-Doc.과정을 연수했으며, 동국대학교 경주캠퍼스에서 강의 전담 초빙교수를 역임했다. 현재는 대구 가톨릭대학교 프란치스코 칼리지의 조교수로 재직 중이고, 하이델베르크 대학교에서 방문 교수로 연구하였다. 주요 논문으로는 한국연구재단으로부터 우수논문 사후 지원을 받았던 「하이데거 예술론의 헤겔 수용과 비판」이 있고, 문학과 예술 및 철학의 해석학적 탐구에 관한 다수의 논문이 있다.

당신의 기분은
어떠십니까?
기분의 철학적 의미

1.

푸른 하늘에 한 줄 그어진 비행기의 궤적을 보는 시원함, 따뜻한 물에 손을 씻을 때의 안온한 느낌, 전화를 통해서도 충분히 감지할 수 있는 상대의 나에 대한 염려. 당신의 기분은 어떠신가요? 나무가 빽빽한 숲에 들어서면 교회당에 들어선 것 같은 기분이 드나요? G. Bashelard 1995: 344-345 혹시 물이 축축하고 컴컴한 늪 앞에서 삶의 우수를 느껴 본 적 있나요? G. Bashelard 1996: 15 혹은 무지개를 바라보면 지금도 아이처럼 설레고, 고흐의 해바라기 그림을 보면 그 핏빛보다 붉은 노란색 앞에서 감동하곤 하나요? G. Bashelard 1995: 72 아니면 이런저런 기분도 못 느끼고 삶의 피로만 느끼시나요?

이렇게 느끼는 존재, 기분의 존재, 인간은 기분 속에 처해 있는 존재이다. 데카르트는 '나는 생각한다, 고로 존재한다'라는 명석판명한 명제 속에서 사유의 실체를 발견하였지만, 사유보다 앞선 느낌의 세계, 즉 기분의 존재를 간과하였다. 이에 하이데거는 사유에 앞서는 기분의 존재론적 우선성을 발견하고서 인간 현존재가 늘 어떠어떠한 기분에 처해 있고, 그렇게 존재론적으로 처해 있는 기분을 주목해야 한다고 말한다. 즉 기분은 이랬다저랬다 하는 까닭에 고려할 가치가 없거나 인간에게 부차적인 것이 아니라, 오히려 그것은 인간을 틀 짓는 바탕, 즉 그 존재론적 배경이라는 것이다. 그렇기에 기분은 인간존재의 배경이 되는 열어 밝혀져 있음, 즉 그의 개시성 Erschlossenheit 이라고 하이데거는 말한다.

다시 말해서 인간은 무배경적으로 세계에 던져진 존재가 아니라 일차적으로 기분에 의해 색칠해진 채로 세계에 던져져 있다는 것이다. 하이데거에 따르면 인간은 아무런 목적도 없이 세계에 내던져지는데, 이러한 내던져짐, 즉 피투 Geworfenheit 는 무엇보다도 어떤 기분에 의해 조율되어 있다 stimmt 는 것이다. 그리고 그렇게 기분 잡힌 피투 속에서 인간은 자신을 이해하고 세계를 향해 자신을 던지는 기투 Entwurf 를 한다. 이러한 피투와 기투는 곧 인간 현존재가 어떤 심정으로 처해 있는 피투로 형성된 과거 속에서 자신을 이해하고 미래를 향해 기투하는 존재라는 의미이다. 인간은 이러한 방식으로 세계 속에 처해서 이해하고 말하며 자신의 과거와 미래를 형성하는 자라고 하이데거는 본 것이다.

이러한 인간의 존재 방식을 하이데거는 '세계-내-존재' das In-der-Welt-sein 라고 하는데, 이는 무엇보다도 인간이 기분에 의해 어떤 심정에 처해 있는 존재임을 의미한다.

기분은 "외부"로부터도 "내부"로부터도 오지 않고, 세계-내-존재 자체의 방식으로 피어오른다. … 기분 잡혀 있음은 우선 영혼에 관계하는 것이 아니고, 수수께끼 같은 방식으로 사물과 사람에게 영향을 미치는 내적인 상태가 아니다 M. Heidegger 1977: 182; O. F. Bollnow, 1988: 40 .

인간 현존재의 세계-내-존재는 장롱 속에 옷이 있는 것처럼 '안'에 있는 것이 아니라, 인간과 세계가 분리 불가능할 정도로 친숙해져 있음을 말하는데, 이러한 친숙함은 무엇보다도 어떤 기분에 잡힌 피투성이라는 것이다 M. Heidegger 1995: 153; 김영한 1993: 12 . 그리고 이러한 세계-내-존재의 기분 속에서 형성하는 피투와 기투는 곧 기분에 처해 피투된 과거와 그 속에서 이해하고 말함을 통해 형성하는 미래를 개시하는데, 이는 단순한 물리적 시간이 아니라 인간 현존재의 시간성으로서 실존적 시간을 형성한다. 따라서 인간은 이러저러한 이해 이전에 이미 기분에 의해 조율되어 세계를 알고 있는 존재이고, 이러한 기분은 단순한 감정이 아니라 '존재론적 기분'이라고 하이데거는 말한다.

이렇게 인간은 이해 이전에 선이해 Vorverständnis 를 갖고, 감정 이전에 기분을 가지며, 이러한 기분은 인간의 존재론적 배경으로서 존재론적 기분이다. 그런데 존재론적 기분 가운데 인간 현존재의 유한성 때문에 갖는 근본기분 Grundbefindlichkeit 이 있는데, 그것을 하이데거는 '불안' Angst 이라고 부른다. 불안은 공포 Furcht 와 달리 불안해하는 대상이나 이유가 없고, 인간 현존재의 세계-내-존재 자체가 가져다주는 기분이라고 하이데거는 풀이한다. 즉 불안은 세계 속에 처함으로써 갖게 되는 이러저러한 기분이 아니라 인간이라는 근본적인 존재 조건 때문에 갖는 기분이고, 인간존재의 근본 조건인 바의 유한성과 그 한계 상황이 불러오는 실존적 기분이라는 것이다.

그렇다면 근본기분으로서의 불안은 어떤 기분을 두고 한 말일까? 하이데거는 불안을 "무의 밝은 밤" Die helle Nacht des Nichts 에 일어나는 사건으로 표현한다. 즉 존재자 전체가 미끄러져 버릴 때 그 무 無 앞에서 섬뜩함 Unheimlichkeit 을 느끼게 되는데, 그때 모든 것이 무의미해지는 가운데 오히려 존재가 현시 顯示 됨으로써 느끼는 무상감 無常感 이 곧 불안이라는 것이다. 무를 맞닥뜨리는 데서 오히려 존재가 현시되는 사건을 하이데거는 "무가 무화하다" Das Nichts selbst nichtet 라고 말하고, 이때 느끼는 무상감이 곧 불안에 가깝다고 김형효 교수는 말한다 김형효 2000: 201-202 . 이런 점에서 초기 불교에서 강조하는 무상감이 근본기분으로서의 불안과 대단히 유사하다고 이해할 수 있다.

2.

다른 한편 현대 기술문명 속에서 인간존재가 존재론적으로 위협받고 있음을 하이데거는 역설한다. 그에 따르면 현대에서 기술은 단순히 인간학적으로 인간의 도구나 인간의 행위라는 데 그치지 않고, 그것을 넘어서서 그 기술은 존재를 몰아세우고 닦아세우는 stellen 방식으로 비은폐된다 M. Heidegger 1993:

57. 즉 현대에서 기술은 닦달 Ge-stell 이라는 진리인 것이다. 예전에 농부들이 밭을 경작할 때는 씨앗을 뿌려 잘 자라도록 보호하였는데, 오늘날 농토의 경작은 자연을 닦아세우는, 즉 농토에게 무엇을 내놓으라고 강요하는 것이 되었다 M. Heidegger 1993: 41. 여기에 기술문명의 위협이 있다고 하이데거는 말한다. 즉 기술문명은 무언가를 내놓도록 몰아세워 닦달하고, 이러한 도발적 요청 속에서 밭은 농산물 공급지로, 강은 발전소를 위한 것으로 내몰리는데, 이것이 기술문명을 속속들이 지배하는 진리이기에 위험하다는 것이다 M. Heidegger 1993: 43.

그러나 하이데거에 따르면 인간은 존재의 말 건넴을 듣고 그에 응답하는 한에서만 인간일 수 있다 M. Heidegger 1993: 52; M. Heidegger 1985: 30. 기술은 인간의 이러한 존재에의 귀의를 놓쳐 버릴 수 있게 하기 때문에 위험한 것이다 M. Heidegger 1993: 77. 카프카는 『변신』에서 벌레로 변한 그레고리 잠자를 통해 몸서리치도록 끔찍한 소외감과 무력감을 표현하였는데, 이는 바로 이러한 위험을 지적한 것이 아닐까? 또한 "주여, … 여름은 참으로 위대했습니다"라고 시작하는 릴케의 시에서 "지금 집이 없는 사람은 … 밤을 밝혀 … 긴긴 편지를 쓸 것입니다"라고 한 것은 바로 이러한 위험이 곧 집이 없는 사람, 즉 인간의 고향 상실에서 기인한다고 노래하였다. 이렇게 기술의 위험이 존재하는 현시대는 고향 상실의 시대요, 고향 상실의 가난한 시대이고, 여기서 시인의 사명은 무엇인가라고 릴케는 묻는다.

이에 더해서 한병철 교수는 현대사회를 신경증의 시대, 즉 피로사회임을 주장한다. 근대사회는 아 我 와 비아 非我, 즉 아군과 적군이 명확히 구분되는 사회였고, 따라서 타도해야 할 타자가 명확했다. 아와 비아, 아군과 적군, 즉 이질성과 타자성의 소멸 혹은 종식, 이것이 현대사회의 패러다임이라고 한 교수는 지적한다 Han Byung-Chul 2014: 12-13 . 이러한 이질성의 실종은 부정성이 많지 않은 시대, 즉 긍정성의 과잉으로 인한 소진, 피로, 질식의 신경성 폭력 현상을 낳는다는 것이다 Han Byung-Chul 2014: 16-19 . 이러한 긍정성의 폭력은 적대성을 전제하지 않기에 관용적이고 평화로운 가운데 확산되고 덜 눈에 띄며 직접적으로 지각되지 않는데, 이는 시스템 자체에 내재하는 '내재성의 테러'이기에 그러하다는 것이다 Han Byung-Chul 2014: 21 .

　이러한 내재성의 테러로서 신경성 폭력은 오늘날 신자유주의적 자본주의 체제에 내재하는 테러라고 할 수 있다. 즉 오늘날의 후기 자본주의는 인간에게 더 많은 성과를 내도록 내모는 성과사회이고, 여기서 인간은 스스로를 착취함으로써 스스로 가해자인 동시에 피해자가 되고 있다. 이는 공격할 타자가 없는 체제에 내재한 폭력인 까닭에 자유롭다는 느낌 속에서 완전히 망가질 때까지 자발적으로 자신을 착취하는 피로사회라고 한 교수는 말한다 Han Byung-Chul 2014: 6, 29 . 또한 이러한 성과사회는 낙오자와 우울증 환자를 만들어낸다 Han Byung-Chul 2014: 24 . 즉 성과를 향한 압박은 더 이상 할 수 없다는 파괴적 자책과 자학으로 이어지고, 이는 탈진과 우울증을 초래한다는 것이다 Han Byung-Chul 2014: 26, 28 . 따라서 성과사회에서 피로하고 우울한 인간은 쉴 줄 모르고, 이러한 이완의 소멸은 귀 기울여 듣는 재능의 소실을 가져온다는 것이다 Han Byung-Chul 2014: 32-33 .

이러한 점을 두고 볼 때 기술문명의 닦아세움 혹은 성과사회의 피로나 우울은 단순히 현대사회의 한 양태가 아니라 현대사회가 비은폐시키는 진리, 즉 현대사회의 패러다임이다. 그리고 이러한 현대사회의 진리는 하이데거적으로 볼 때 인간에게 드는 재능, 즉 존재에 귀 기울임을 앗아갈 수 있기에 위험하다. 왜냐하면 인간은 존재의 말 건넴에 귀 기울이고 그에 응답하는 한에서만 인간일 수 있기 때문이다. 이로써 현대사회에서 인간은 기술문명의 닦달과 성과사회의 자기 착취 속에서 존재의 부름에 귀 기울이지 못하고, 결국 귀의해야 할 궁극적 고향으로서의 존재를 상실함으로써 한없는 소외감과 무력감을 느끼는 것이다. 즉 현대사회에서 인간은 소외감과 무력감에 처해 있고, 이것이 현대인의 존재론적 기분이라고 할 수 있다.

3.

그러나 하이데거에 따르면 인간은 원래 고향을 그리는 아픈 마음, 즉 고향에 대한 향수를 가진 존재이다 M. Heidegger 2001: 25-26 . 고향에의 향수, 즉 존재에의 향수는 인간에게 근원적이라는 것이다. 그런 까닭에 존재 상실로 소외와 무력감에 처해 있더라도, 존재 망각으로 퇴락해 있어도 인간은 다시금 존재

회복에로 나아갈 수 있다는 것이다. 이때 반드시 무상감으로서의 불안만이 그러한 실존적 결단을 가능하게 하는 기분은 아니라고 볼노오는 말한다. 그에 따르면 하이데거나 실존주의가 불안에 대해서 누구도 개념화하지 못했던 철학적 통찰을 보여 주었지만, 희망이나 신뢰 혹은 감사와 같은 '고양된 기분' die ge-hobene Stimmung 을 아예 도외시하였다는 것이다 O. F. Bollnow 1994: 239 . 왜냐하면 불안과 같은 '억눌린 기분' die gedrückte Stimmung 만이 아니라 희망, 신뢰, 감사와 같은 밝은 기분도 존재 계시의 가능 존재이기 때문이다 O. F. Bollnow 1988: 76-77 .

볼노오에 따르면 실존주의가 불안을 인간 현존재의 한계상황으로 평가한 것은 키에르케고르의 불안 개념에 근거하고, 하이데거 해석학의 구조는 근본적으로 그 출발점에서부터 불안이라는 기분에 철저하게 제약돼 있다는 것이다 O. F. Bollnow 1988: 66 . 가령 키에르케고르가 불안을 비본래적 상태로부터 빠져나오는 자유의 가능성, 즉 '자유의 소용돌이'라고 한 것처럼 하이데거도 불안을 현존재의 본래적 세계-내-존재-가능으로서 가장 고유한 존재 가능인 존재를 개시하는 것이라고 말한다 O. F. Bollnow 1988: 74 . 그러나 고양된 기분이 억눌린 기분의 단순한 보완제도 아니고, 양자는 완전히 다른 관련 속에 있으며, 그 때문에 하나가 다른 하나로 이행할 때 인간 영혼과 관련해서 혹은 그것들의 형식 자체에서 어떤 변화가 있는지를 철학적으로 해명해야 할 과제가 남아 있다고 볼노오는 말한다 O. F. Bollnow 1988: 77 .

지금까지 우리가 평소 이러저러하게 가지는 기분이 이성에 대한 감정으로서 무시해도 되는 사소한 것이 아니라 오히려 그것이 우리의 처지, 즉 우리가 처해 있는 근본적인 상황을 바로 적시해 주는 단초일 수 있음을 이야기하였다. 이를 하이데거는 '존재론적 기분'이라는 말로 표현하였고, 이러한 기분은 현대사회에서 성과를 내놓도록 몰아세워져 우울과 피로의 신경증으로 변하였음을 또한 언급하였다. 그러나 인간은 존재에 귀 기울이는 향수를 가지고 있고, 이것이 희망이 될 수 있다고 본다. 따라서 무상감으로서의 불안이든 희망, 신뢰, 감사의 고양된 기분이든 그러한 존재에의 향수를 통해 존재의 부름에 응답할 수 있도록 실존적 결단을 해야 한다고 본다. 그렇게 존재의 말 건넴에 응답하는 한에서만 인간이 인간일 수 있으니까.

〈참고문헌〉

김영한(1993), 하이데거에서 리꾀르까지, 박영사.

김형효(2000), 하이데거와 마음의 철학, 청계.

G. Bashelard(1995), 공간의 시학, 곽광수 역, 민음사.

G. Bashelard(1995), 꿈꿀 권리, 이가림 역, 열화당.

G. Bashelard(1996), 물과 꿈, 이가림 역, 문예출판사.

O. F. Bollnow(1994), 인식의 해석학, 백승균 역, 서광사.

Han Byung-Chul(2014), 피로사회, 김태환 역, 문학과 지성사.

M. Heidegger(1995), 존재와 시간, 소광희 역, 경문사.

M. Heidegger(1993), 기술과 전향, 이기상 역, 서광사.

M. Heidegger(2001), 형이상학의 근본개념들, 이기상, 강태성 역, 까치.

O. F. Bollnow(1988), Das Wesen der Stimmungen, Frankfurt (M).

M. Heidegger(1977), Sein und Zeit, Frankfurt (M).

M. Heidegger(1985), Unterwegs zur Sprache, Frankfurt (M)

장현정

작가, 사회학자, ㈜호밀밭 대표. 부산대학교 사회학 박사 과정을 수료하고 『록킹 소사이어티』를 비롯해 여러 권의 책을 썼다. 최근 작품으로 『바다의 문장들 1』을 펴냈고, 『주4일 노동이 답이다』(공역)와 『파시스트 거짓말의 역사』를 우리말로 옮겼다. 현재 부산출판문화산업협회 회장으로 활동 중이다.

타오

기분氣分의 기술技術

여기 한 선생님이 있다. 아이들에게 같은 상황이라도 어떻게 받아들이느냐에 따라 얼마나 다른 결과로 이어질 수 있는지, 인생의 지혜를 알려줄 생각에 들떠서 묻는다.

"자, 다들 여기 이 컵을 보세요. 맛있는 초코우유가 반 정도 있죠? 여러분 눈에는 이게 반이나 남은 것으로 보이나요, 반밖에 없는 것으로 보이나요?"

이때 한 학생이 득달같이 자를 가지고 튀어나온다. 자신만만하게 밀리미터 단위로 잰 다음 숫자를 들먹이며 척하니 답을 내놓고는 얼른 칭찬해달라는 눈빛으로 선생님을 쳐다본다. 그런 기계적이고 실증적인 답을 원한 게 아니었던 선생님은 한심한 나머지 그만 주저앉아 버리고 싶지만, 학생들 앞에서 차마그럴 수는 없는 노릇이라 대신 세상을 논리로만 재단하려는 이 불쌍한 학생을 향해 애써 웃으며 말한다.

"잘했구나, 너 다 마셔라."

하지만 어쩌면 선생님의 질문에도 처음부터 오류가 있었을지 모른다. 반이라는 것의 정의는 무엇인가. 여기서 말하는 반은 무엇을 말하는 건가. 학생 입장에서는 어울할 수도 있다는 얘기다. 정확하겠다는데 도대체 뭐가 문제란 말인가. 자까지 들고 나가서 열심히 쟀는데 왜 밀리미터 단위로까지 세세하게 칭찬해 주지 않는가!

•

그러나, 우리가 익히 알다시피 세상의 이치가 대체로 그렇다. 교실에서 배우는 것처럼 칼로 자르듯 명확하게 구분되는 것이, 사실 교실 밖으로 나오면 의외로 많지 않다. 교실 바깥에서는 오히려 목소리 큰 놈이 이기고, 우기면 장땡인 경우가 더 많다. 가해자가 피해자가 되고, 피해자는 가해자가 되고, 거짓말은 진짜가 되고, 진짜는 웃음거리가 되는 경우가 허다하다. 독일의 기자 출신 정치학자 엘리자베스 노엘레 노이만은 이런 현상을 '침묵의 나선 이론'[1]으로 보여준다. 사람들은 진짜냐, 가짜냐 보다는 고립되는 걸 더 두려워한다는 것이다. 대체로 자신의 이성적 판단보다는 분위기에 따라 행동한다는 것이다.

특히 그 정도가 심한 정치는 말할 것도 없고, 숫자와 룰에 엄격해야 할 스포츠에서도 이런 현상은 쉽게 목격할 수 있다. 기량의 차이가 너무 커서 승부가 뻔해 보여도 스포츠에서는 종종 이변이 일어난다. 관중들이 보내는 엄청난 응원의 열기, 끊

---

1 『침묵의 나선』, 엘리자베스 노엘레 노이만, 김경숙 옮김, 2016, 사이

임없이 파이팅을 외치면서 선수들을 독려하는 주장, 모두가 포기한 가운데 홀로 분투하여 마침내 팀 전체의 사기를 북돋는 어떤 선수, 심한 경우 누가 봐도 파울이지만 슬쩍 눈감아주는 심판까지. 여기서 중요한 것은 숫자나 예측 가능성, 논리적 정합성 같은 게 아니라 열기 熱氣 와 사기 士氣 같은 형언하기 어려운 힘의 움직임이다. 밀리미터 단위로까지 정확하고 싶었던 저 학생의 가상한 시도를 가볍게 무용한 것으로 만들어 버리는 수많은 힘이, 교실 밖 세상에서는 훨씬 더 결정적인 영향력을 발휘하며 횡행한다. 세상은 용기, 치기, 객기, 패기, 혈기, 광기, 똘끼 같은 것들을 찬양하고, 온기와 냉기, 한기와 열기 사이를 오가며 정신을 못 차리는 중이다. 세계의 윤기와 찰기는 어디로 사라졌는가. 남은 것은 허기뿐이지만, 저 맛있는 초코우유조차 쳐다보기 싫을 만큼 입맛도 다 떨어졌다.

●

학생이 꿈꾸던 이성과 합리성은 무엇이 문제였을까. 이렇게 인간과 세계가 기준 없이 흐느적거려도 된단 말인가. 이럴 바엔 차라리 중세 시대로 돌아가는 편이 낫지 않을까. 이성과 합리성에 기반하여 끊임없는 의심과 성찰, 비판적 사유를 통해 이 세계를 분석하고 자연의 이치를 밝혀내며 마침내 중단 없이 앞으로, 앞으로 나아가고자 했던 인류는 왜 갑자기 이토록 허망하게 그 혁명적이었던 계몽주의적 근대의 기획을 내팽개친 걸까. 어둠의 천년을 밝히며 새 시대를 열어젖힌 한 줄기 그 이성의 빛은 도대체 어디로 숨은 것인지, 학생은 묻고 싶을 것이다. 이성과 합리성의 죄가 도대체 무엇이냐며 목에 핏대를 세우고 싶을 것이다.

그 질문에 내가 굳이 답해야만 한다면 이렇게 말할 수밖에 없겠다. 계몽주의적 근대의 기획이 애초부터 잘못된 것은 아닐 테지만 '과유불급'이라는 말처럼 지나쳤기에 모자람만 못하게 되어버린 건 아닐까. 인간이 이성의 힘만 믿고 제 분수도 모른 채 끝 간 데 없이 오만해져서 전쟁을 일으키고, 우생학이나 골상학을 들먹이며 인간이 인간을 대량 학살하고, 자연을 망치고, 지구상의 생명을 괴롭히는 정도가 극에 달하자 많은 사상가가 이를 반성하기 시작하며 계몽주의적 근대의 기획에 의문을 던지기 시작했음을 우리는 기억하고 있다. 한쪽에서는 이성과 합리성에 바탕을 둔 근대라는 기획을 아예 포기해야 한다고 선언했고 포스트모더니즘, 다른 한쪽에서는 기형이 되어버린 근대성을 대체할 제대로 된 근대성 성찰적 근대성 을 주장하기도 했지만 양쪽 모두 지금 이대로는 안 된다는 문제의식은 공유했다. 20세기 후반부터 많은 사상가가 근대성에 대한 반발로 감정, 비합리성, 열정, 마음, 욕망 등의 문제에 새롭게 주목하기 시작한 이유이기도 하다. 그리고 이런 주제들은 여기서 다루려는 '기분'이라는 키워드와도 긴밀히 연결된다.

●

　기분 氣分이라는 말은, 한자 그대로 풀이하면 '기운의 나눔'
이다. 기[氣]가 잘 나뉘어[分] 있으면 기분이 좋다고 볼 수 있고,
기가 갑자기 어느 한쪽으로 지나치게 쏠리면 기분 깨졌다고 표
현할 수 있으며, 원하는 것과 달리 기가 균형을 이루지 못하고
있으면 기분이 나쁜 상태라고 볼 수 있다. 그렇다면 기 氣란 무
엇인가. 이 글자의 갑골문을 보면 세 가닥의 구름 띠가 하늘에
퍼져 있는 모습을 본 떠 세 줄로 표시돼 있다. 그러다가 석 삼
三과 구분하기 위해 아래위 획을 조금씩 구부렸고 이후 소리 부
인 쌀 미 米가 더해져 지금의 글자가 되었다. 소리 부라고는 하
지만 인간과 세계의 근간으로서의 쌀, 즉 밥이 들어간다는 점이
의미심장하다. 원래 '모든 것'을 의미하는 글자였고, 천체를 흐
르는 기운을 의미했다. 생명의 원천으로서 대본 大本이라 하고
모든 활동력의 원천이며 인간도 호흡[氣息]함으로써 살아갈 수
있다. 그래서 한 사람의 가장 기본적인 성질을 '기질 氣質'이라
하고, 한 집단의 가장 기본적인 성질도 '기풍 氣風'이라 하며 자
연을 둘러싼 가장 기본적인 근원으로서의 '대기 大氣'와 인간 활
동의 가장 기본적인 근원으로서의 '원기 元氣' 같은 말들이 생겨
났다.[2]

　영어로는 느낌에 가까운 'Feeling'이나 분위기에 가까운

---

[2] 한자의 어원들에 대해서는 다음 두 책을 참고했다.
　　『한자어원사전』 하영삼, 2018, 도서출판3 / 『상용자해』 시라카와 시즈카, 박영철 옮김, 2022, 길

'Mood' 등이 기분에 해당하는 단어로 볼 수 있지만 아무래도 어색한 부분이 많다. 통상 'Mood'가 그나마 기분으로 많이 번역되는데 이 단어의 어원을 보면 고대 영어에서 마음의 틀, 정신, 용기, 오만, 자부심, 힘, 폭력 등을 의미했고 비슷한 뜻을 가진 원시 게르만어 '모다'나, 고대의 색슨어, 프리지아어, 노르웨이어의 '모드' 등과 연결되며 생명이나 영혼을 의미하는 라틴어 '아니무스 animus '와도 어원을 공유한다.[3]

●

오히려 영어보다는 '기분'을 본격적으로 철학적 사유의 대상으로 삼은 하이데거를 떠올리며, 흔히 '정조 情操'로 옮기는 독일어 'Stimmung'을 보는 게 나을 수 있다. 독일어의 어원을 살펴보면 이 단어는 여성 명사로서 고대에는 성대를 통해 생성되는 소리, 그러한 소리를 생성하는 능력이나 의견 및 판단 등을 의미한 것으로 보인다.[4] 나는 특히 이 명사가 여성 명사라는 게 흥미롭다. 위에서 잠깐 언급한 영어 어원에서도 같은 라틴어 중 남성 명사인 '아니마 anima '가 아닌 여성 명사인 '아니무스 animus '와 연결되는 점이 인상적이었다. 이성과 합리성을 남성적인 것, 지배적인 것, 우월한 것으로 위치 짓고 기분을 포함한 감정과 마음, 신체 등을 여성적인 것, 열등한 것으로 위계화한 것

---

3   영어의 어원에 대해서는 다음 링크를 참고했다. https://www.etymonline.com/
4   독일어의 어원에 대해서는 다음 링크를 참고했다. https://www.dwds.de/

타인

이 바로 근대 이후 계몽주의의 이원적이고 불변적인 사상적 체계이기 때문이다.

인문적 태도의 첫걸음이 '비판적'으로 사유하는 것이라면, 우리도 이제 수백 년 동안 이어진 근대 이후 계몽주의적 사유라는 틀에서 탈주할 필요가 있지 않을까. 폐기 처분하자는 게 아니라 온고지신 溫故知新 하자는 얘기다. 비판적으로 사유한다는 말은 곧 의심해 본다는 이야기다. 서구 근대의 관념은 세계를 이분법적으로 나누어 바라보게 해왔다. 하지만 실제 세계의 모습은 똑 부러지게 나뉘기보다 거의 모든 것이 서로 연결되어 있다. 상호 대립적이라고 생각한 것들이 사실은 상호 보완적이며, 고정되어 있다고 생각한 것들도 사실은 언제나 역동적이다. 분법에 익숙한 근대적 사유에서 벗어나 바라보면 모두 연결되어 있고 하나의 존재조차 맥락에 따라 그 모습을 달리하게 마련이다. 본질주의와 근본주의에서 벗어나 바라보면 현대의 성 gender 에도 남성과 여성뿐 아니라 수많은 성이 존재하고 개념과 판단도 시간에 따라 변화한다. 생각해 보면 기분을 포함한 여러 중요한 것들이 진지한 사유의 대상에서 소외된 것은 계산 가능한 것만 가치 있는 것으로 취급하려는 자본주의가 계몽주의적 근대의 기획을 독점한 결과일 뿐이다.

주관이냐, 객관이냐. 이성이냐, 감정이냐 같은 분법적 사유에서 벗어나 바라보면 철학적 전통에서 기분은 단순히 주관적인 감정만을 일컫지 않는다. 미학적 측면에서는 주관과 객관의 조화에 근본을 두는 것으로 중요하게 여겨졌고, 특히 하이데거의 실존철학에서는 존재가 열리는 근간이었으며, 독일의 헤겔 역시 기분을 "외면적 감각이 정신적 내면에 대해서 몰의식적으로 관계되고 있는 것"[5]이라고 정의하며 상호 보완적이고 연결되어 있음을 언급했다. 사실 기분은 어느 정도 이성적인 부분도 있다. 그것은 성욕이나 식욕처럼 즉각적인 욕망도 아니고, 덥거나 춥다고 느끼는 감각적 자극도 아니다. 기분은 무언가 언어나 논리로 설명하긴 어렵지만, 일정 기간 지속하면서 존재의 상태를 규정하게 만드는 힘이다. 해가 지고 나서야 날기 시작하는 미네르바의 부엉이처럼 즉각적 감각이나 감정적 자극 이후에야 이성은 그 의미를 파악할 수 있게 되는데 기분은 아마도 그 사이 어디쯤 있을 것이다.

　　그럼에도 그동안 기분은 순간의 감정처럼 진지하게 고민해볼 만한 주제로는 취급되지 못했다. 하이데거가 『존재와 시간』에서 도구론을 언급하며 말한 것처럼, "가장 가까운 것은 간과되거나 무시당한다." 당연한 말이지만, 이성과 합리성을

---

5 『헤겔 사전』 가토 히사타케 외, 이신철 옮김, 2009, 도서출판b

무시하고 대충 살자는 이야기는 아니다. 우주의 기운이니, 혼이 비정상이니 같은 말이 다시 반복되고 있는 것 같아 끔찍한 요즘이다. 대신, 오래된 우리의 지혜. 예를 들자면 '진인사대천명 盡人事待天命'의 지혜. 최선을 다하되, 과정에 집중하고 결과는 인간의 의지만으로 되는 게 아님을 염두에 둘 수 있는 지혜 같은 게 필요하지 않을까. 칸트식으로 말하면 물자체 物自體, Das Ding an sich 에 대한 인정 같은 것. 인간의 삶과 사회의 역사는 논리적이기만 한 것은 아니다. 아니 오히려 때로 이성은 무력하기만 하다. 기분, 혹은 분위기에 지나치게 의존하면 반지성주의와 파시즘으로 흐를 수 있다. 그러나 반대로 기분 혹은 분위기를 아예 무시하면 왜소한 합리성과 강박적 실증주의에 빠진 가슴 없는 전문인 베버 만 양산되어 드라이하기만 한 익명의 도시, 생명력을 찾을 수 없는 기계와 같은 삶에 빠져버리고 만다. 우리 정말, 더는 그러면 안 되지 않을까.

컵의 물이 반쯤 찼느냐, 비었느냐의 논쟁은 사실 실제 삶에서는 무의미해 보이기까지 하다. 기계적 중립이 현실에서는 불가능하기 때문이다. 살아있는 한 인간을 포함한 만물은 계속 움직인다. 계속 떨린다. 언제나 어느 한쪽으로 기울어져 있을 수밖에 없다. 중요한 것은, 극단적으로 치우치지 않으면서도 동시에 딱 가운데도 거부하는 이변비중 離邊非中 의 묘 아닐까. 지금, 이 순간 나의 기를 어떤 방향으로 배치하고, 어느 정도로 나눌 것인가의 기술, 다시 말해 기분의 기술을 연마하는 게 중요한

것 아닐까. 고전에서 말하는 '수양修養'의 의미를 조금은 알 것
도 같은 오늘이다.

사실 기분은

어느 정도 이성적인 부분도 있다.

그것은 성욕이나 식욕처럼

즉각적인 욕망도 아니고,

덥거나 춥다고 느끼는 감각적 자극도 아니다.

기분은

무언가 언어나 논리로 설명하긴 어렵지만,

일정 기간 지속하면서 존재의 상태를

규정하게 만드는 힘이다.

해가 지고 나서야 날기 시작하는

미네르바의 부엉이처럼

즉각적 감각이나 감정적 자극 이후에야

이성은 그 의미를 파악할 수 있게 되는데

기분은 아마도 그 사이 어디쯤 있을 것이다.

송철호

부산대에서 문학박사 학위를 받은 후 경남대에서 강의전담 교수로 지냈다. 현재는 인문예술 아카데미 '담문' 회장 및 지역문화예술원 대표이사(원장), 국사편찬위원회 사료조사위원회 부울경지회 부회장을 맡고 있으며, 해천재(海泉齋)에서 맹자·근사록·시경·사기 열전 등의 동양고전을 강의하고 있다. 〈경상일보〉에 매월 2회 '송철호의 반구저기'와 『시민시대』에 매월 1회 '담장 밖 인문학'을 연재하고 있다.

기氣와 분分,
그리고 기분

기氣

'기氣'는 생태계 일반을 두루 관통하고 있는 우주적 생명력을 뜻하는 말이다. 동양에서 '기'라는 용어는 철학은 물론 의학 등 여러 곳에서 널리 사용된다. 우리 민족 또한 기라는 말을 좋아했다. 기분, 기색, 기품, 기운, 기백, 기상, 기합과 같은 단어는 물론 '기막히다', '기가 차다', '기를 쓰다', '기를 펴다' 등 일상에서 흔히 사용하는 다양한 표현들을 생각하면 우리 민족이 기를 얼마나 중시했는지 알 수 있다.

중국 후한 시대 허신 許愼 이 편찬한 최초의 자전인『설문해자 設文解字 』를 보면 기를 운기 雲氣 , 즉 구름이라 풀고 있는데, 은·주시대 이전부터 기는 바람이나 구름을 포함한 기상을 나타내는 말로 쓰였다. 갑골문에서는 단순히 획을 세 번 그린 것으로 하늘의 기운을 표현했었다. 그러나 금문에서는 숫자 '三'자가 혼동되어 위아래의 획을 구부린 형태로 변형되었다. 여기에 '米'자가 더해진 '氣'자는 밥을 지을 때 나는 '수증기'가 올라가는 모습을 표현한 것이다.

기상과 계절의 변화를 나타내는 천기 天氣 와 땅의 기운인 지기 地氣 가 결합하여 곡물이 생장한다. 동물은 식물의 생명력을 소화·흡수의 과정을 거쳐 활동력으로 삼는다고 고대인들은 생각했다. 기는 이렇게 해서 생태계 일반을 두루 관통하고 있는 우주적 생명력을 뜻하게 되었다. 인간의 생명 역시 기의 흐름이었다. 그것이 피의 순환과 연관된다고 보아 혈기라 했고, 호흡이 그 관건이라 보아 기식 氣息 이라 했다. 내적 생명의 상태는 자연히 밖으로 드러난다 해서 기색 氣色 ·기분 氣分 ·기품 氣品 이라는 표현이 있게 되었다. 질병은 체내에 있는 기가 순조롭게 돌지 않을 때 생기는 현상이었다. 한의학에서는 치료를 엉킨 기, 막힌 맥을 소통시키는 행위로 이해한다.

기가 철학 용어로 본격적으로 사용된 것은 노자와 장자가 우주의 생성 변화를 기의 현상이라고 하는 데서부터 시작되었다. 노자와 장자 이래로 철학 용어로 사용된 기는 모든 존재 현상은 기가 모이고 흩어지는 데 따라 생겨나고 없어지는 것으로 생명 또는 생명의 근원으로 보았다. 그런데 공자 이래 유가는 생리적 욕구인 기는 다스리고 제어해야 할 대상으로 보았다. 공자는 "혈기를 조심하라"라고 했고 순자 荀子 는 "인간과 동식물에 공통된 힘은 기이지만, 인간이 인간다우려면 이성으로 기를 제어해야 한다"라고 말했다. 맹자는 "의지가 굳으면 기를 움직일 수 있다"라고 기를 부정적으로 평가하면서도 순수한 감정과 도의적 자긍심을 호연지기로 명명함으로써 기의 긍정적인 면을 이야기했다.

주희에 의하여 기는 '존재를 구성하는 물질적 요소'의 자격을 부여받았다. 자연 세계는 물론, 인간의 감정·의지·사유까지

타오

포괄적 기의 한 계기로 이해되었다. 기는 본래 유동적·활동적이어서 원초의 순전한 기는 음양으로 자체 분화되고, 그것은 다시 오행으로 갈라진다. 모든 사물의 생성과 변화는 음양오행이 서로 갈등, 조화하는 과정으로 풀이된다. 기의 이 같은 운동과 변화에는 일정한 질서가 있다. 주희는 이 정합적 질서에 이 理 라는 이름을 붙였으며, 우주를 주재하는 원리인 이는 흠 없이 선하고 완전하기에 세계는 본래 조화롭고 질서가 잡혀 있다고 생각했다. 주희가 말한 기 또는 기질 는 두 가지 상반된 의미를 띠고 있다. 하나는, 주어진 신체를 통해 우주적 역사 役事 에 동참하는 나름의 개성으로서의 기, 그리고 또 하나는 도덕적 이념인 이의 실현을 가리고 방해하는 생리적 욕구로서의 기이다.

　서경덕은 최초로 기를 철학의 중심 주제로 삼았다. 우주에는 기가 꽉 들어차 있다. 허공은 무 無 가 아니라 유 有 인 태허 太虛 이다. 바람은 부채 속에 있지 않은데, 그렇다고 바람을 무라하기에는 뺨에 와 부딪치는 서늘함이 너무나 생생하다. 이 체험을 통해 서경덕은 눈에 보이지는 않으나 분명히 실재하는 기의 존재를 확신했다. 기는 운동과 변화의 속성을 자체 내에 가지고 있다. 기가 모여서 형상이 만들어지고 기가 흩어져서 형상이 없어지는 것이므로 존재의 모든 것은 기의 작용이다. 죽음이나 소멸은 모였던 기가 풀려 본래의 태허로 다시 돌아가는 것이기에 기는 절대로 없어지지 않는다. 이러한 생성과 변이·소멸에는 일정한 질서가 나타나는데 그것이 '이'이다. 이러한 이는 기를 제재, 간섭할 수 없다. 이른바 이가 주재 主宰 한다는 말은 밖에서

기를 명령하고 다스린다는 뜻이 아니다. 세계는 조화롭고 완전하여 결함이 없으므로 인간은 욕구의 주체로 세계와 대립할 것이 아니라 포괄적 기의 순환에 동참하라고 권하였다.

최한기는 우주는 기, 그것도 신기 神氣 의 움직임이라고 했다. 끊임없이 활동하고 멈추지 않는 살아 있는 생명체임을 강조하고자 기에 '신 神'이라는 접두어를 붙였다. 인간은 자기를 둘러싼 세계의 의미를 이해하고 내면화시킨다. 이치와 원리의 탐구는 가시적이고 경험적인 것에서 출발해야 거짓되고 미덥지 아니한 상태에 떨어지지 않고 적실성·유용성을 가진다. 객관의 기와 주관의 기는 이렇게 만난다. 인간이 타고난 천기가 곧 성이며, 이가 아니라 기가 인간의 본성이라 했다. 개체는 나름의 욕구와 개성을 표현, 실현하고자 한다. 여기에 충돌과 갈등이 없을 수 없다. 갈등은 생명의 본질이요 기의 당연한 귀결이다. 최한기는 그것을 변통 變通 이라 불렀다.

기는 에너지이다. 그런데 기에는 좋은 것과 나쁜 것이 있다. 이른바 음양이 그것이며, 신 神 과 귀 鬼 가 그것이다. 사람은 태어날 때 어떤 기를 받느냐에 따라서 외형적으로 내면적으로 다양한 모습을 갖게 된다. 사람에 따라서 자라면서 빨리 나빠지기도 하고 더디게 나빠지기도 하고, 빠르게 좋아지기도 하고 더디게 좋아지기도 한다. 성격이 외향적인 것도 성격이 내성적인 것도 모두 타고난 기의 성향에 따르는 것이다. 다만 사람은 노력함으로써 타고난 성질을 바꿀 수 있으며, 누구나 좋은 기를 가질 수 있다. 내 몸속에 좋은 기가 가득 차면 내 몸은 건강할 것이며, 내 마음속에 좋은 기가 가득 차게 될 것이다. 내 몸속이든 마음속이든 가득 찬 기는 저절로 밖으로 드러나게 된다. 기분·기색·기품이니 하는 것이 바로 이를 따른 말이다.

분 分

'분 分 자'는 '나누어 주다'나 '베풀어서 주다'라는 뜻을 가진 글자이다. 본래 分자는 八 여덟 팔 자와 刀 칼 도 자가 결합한 모습이다. 八자는 사물이 반으로 갈린 모습을 그린 것이다. 이렇게 사물이 나누어진 모습을 그린 八자에 刀자가 결합한 分자가 물건을 반으로 나누었다는 뜻을 표현한 것이다. 分자는 사물을 반으로 나눈 모습에서 '나누어 주다'나 '베풀어 주다'라는 뜻을 갖게 됐지만, 물건이 나뉜 후에는 사물의 내부가 보인다는 의미에서 '구별하다'나 '명백하다'라는 뜻도 파생되어 있다.

인간관계라는 측면에서 분 分 은 인 仁 과 밀접한 관련이 있다. 유교는 기본적으로 남과 나를 구별하지 않음으로써 관계의 조화를 추구한다. 공자가 주장한 대동사회는 관계가 조화로운 사회이다. 물론 여기서 관계는 인간 사이의 관계를 말한다. 남과 나를 구별하지 않는다는 것은 남을 나와 같이 여긴다는 것이다. 남을 나와 같이 여긴다는 내가 좋아하는 것이면 남도 좋아하는 것이고, 내가 싫어하는 것이면 남도 싫어하는 것이어서 나와 남이 다르지 않으니 내가 나를 생각하고 대하듯이 내가 남을 생각하고 대하라는 것이다. 남과 나를 구별하지 않는 것, 이것은 인仁이다. '仁'자는 사람이 둘이라는 글자이다. 『설문해자』
에 따르면 仁은 본래 두 사람을 뜻하는 말로 두 사람이 서로 친
하다는 의미라고 했다.

공자가 인을 논할 때 다양한 용어들, 효孝·제悌·예禮·충忠
·서恕·경敬·공恭·관寬·신信·혜惠 등이 그에 해당된다. 그런
데 이러한 덕목들은 인을 형성하는 일부분일 뿐, 인 자체는 아
니다. 공자가 생각한 인의 개념은 이것들보다 더 근원적이며 공
자가 추구하는 인의 이상은 이것들을 초월하고 있다. 인을 구성
하는 여러 덕목 중에서 핵심은 사랑이다. 사랑이 부모에게 미치
면 효가 되고, 형제에게 미치면 우友가 되며, 남의 부모에게 미
치면 제가 되고, 나라에 미치면 충이 된다. 사랑이 또 자녀에게
이르면 자慈, 남의 자녀에 이르면 관이 되고, 나아가 백성에까
지 이르게 되면 혜가 된다.

우리나라에서는 인을 '어질다'라고 한다. 어질다는 '얼이 짙
다'에서 온 말로서 심성의 착함, 행위의 아름다움을 뜻한다. 인
을 실천 면에서 살펴보면, 공자는 남을 사랑하는 것을 인 실천
의 기점으로 삼고, 백성에게 널리 베풀어서 중생을 구제하는 것
을 인 실천의 종점으로 보았다. 인은 멀리 있는 것이 아니라 내
가 인하려고 하면 인은 이르게 마련이며 仁遠乎哉 我欲仁 期仁至矣,
의·예·지와 함께 밖에서 오는 것이 아니라 내가 원래 가지고 있
는 것이다 仁義禮智 非由外鑠我也 我固有之. 인이란 사람이면 누구나
천부적으로 지니고 있다. 주자가 인을 사람의 본성이라고 한 것
은 이 때문이다. 다만, 사욕에 가리고 기질에 얽매여 인을 잊어

터응

버리는 경우가 있을지라도 인간의 내면에서 인성은 절대 없어지지 않는다. 그러므로 인은 누구나 실천 가능한 것이다.

공자는 사람을 사랑하는 것이 인이라고 했지만, 한편으로는 오직 인자 仁者 라야만 사람을 좋아할 줄 알고 사람을 미워할 줄 안다고도 하였다. 인하다는 것은 무차별 사랑이 아니라 차별적 사랑으로, 착한 사람은 사랑하고 악한 사람은 미워하는 것이 인의 참사랑이다. 공자는 인의 개념보다 인의 실천을 강조하였다. 한 가정이 인하면 나라가 흥인 興仁 하고, 위에 있는 자가 인을 좋아하는데 아래에 있는 자가 의를 좋아하지 않는 일이 없으며, 인하면서 부모를 버리는 일은 없고 의하면서 임금을 버리는 일은 없다. 인은 마음의 덕이요, 가정의 보배요, 위정의 근본이요, 만물과 일체이다. 그러므로 배우는 이는 먼저 인을 알아야 한다고 하였다.

분 分 은 인 仁 이라고 했다. 나누고 베푸는 것이 남을 위하는 마음, 곧 사랑이라는 것이다. 나눈 것은 남과 함께 한다는 것이고, 베푼다는 것은 남에게 혜택을 준다는 것이다. 모두 긍정적인 의미이다. 나누고 베푼다는 것은 단지 물질적인 것만이 아니다. 정신적인 것도 있다. 그런데 나눔과 베품은 남의 마음에 즐거움이 들게 하여야 한다. 그래야 진정한 나눔과 베품이다. 나의 나눔과 베품이 오히려 남에게 불쾌감을 주거나 불이익을 가져다주는 등 오히려 해를 끼치는 것이라면 그것은 인이 아니며 올바른 분도 아니다.

기분

　인간의 형상은 기가 모임으로써 만들어지고 기가 흩어짐으로써 없어진다. 삶과 죽음, 생성과 소멸이 모두 기의 작용이다. 기는 시간과 공간에서 없어지지 않고 언제나 존재한다. 그런데 기에는 좋은 것과 나쁜 것이 있다. 이른바 음양이 그것이며, 신 神과 귀 鬼가 그것이다. 사람은 태어날 때 어떤 기를 받느냐에 따라서 외형적으로 내면적으로 다양한 모습을 갖게 된다. 그런데 사람은 노력함으로써 자질을 바꿀 수 있다. 노력하기에 따라서 좋은 기를 많이 가질 수도 있고 오히려 나쁜 기를 많이 지니게 될 수도 있다는 것이다.

　호연지기는 좋은 기가 내 몸과 마음속에 꽉 찬 상태이다. 호연지기가 내 몸속에 가득 차게 되면 내 몸은 건강하게 될 것이며 마음속에 가득 차게 되면 내 마음은 예 禮와 지 智를 갖추게 될 것이다. 몸의 건강은 순환이며 마음의 건강은 조화이다. 호연지기는 저절로 이루어지는 것이 아니며 끊임없는 성찰과 수신으로 이루어지는 것이다. 내 몸이 건강하고 내 마음이 조화로우면 그것은 저절로 밖으로 드러나게 된다. 기분·기색·기품이니 하는 것이 바로 이런 상태를 따른 말이다.

　내 몸이 좋은 기로 가득 차게 되면 나는 즐겁다. 이른바 '기분이 좋다'는 것이 이것이다. 그런데 기분에서 '분'은 나누고 베푸는 것이라고 했다. 나의 좋은 기를 남에게 전함으로써 남도 나처럼 즐거운 마음이 들게 하는 것이다. 기를 전한다는 것은 별도의 행위가 필요하지 않다. 내 마음이 조화로워서 평안하고

타인

즐거우면 내 얼굴이 평안하고 즐겁고 내 말과 행동이 평안하고 즐겁게 된다. 순하고 밝은 표정과 예禮와 지智를 갖추어서 겸손과 공경으로 남을 대한다면, 남 또한 나로 인해서 편안하고 즐겁게 될 것이다.

끊임없이 자신을 돌아보아 수신하여 좋은 기를 몸과 마음에 가득 차게 하는 것, 좋은 기가 저절로 밖으로 드러나서 내 표정과 내 말과 행동이 평안하고 즐거운 것, 그런 표정과 말과 행동으로 남을 대함으로써 남도 즐겁고 평안하게 하는 것, 이것이 기분의 본래 의미이다.

박형준

문학평론을 하고 있으며, 부산외국어대학교 한국어교육전공에서 학생들을 가르치고 있다. 문학과 예술, 그리고 인문학이 우리 삶의 억압적 감성 구조를 변화시키는 실전적 방법이 되기를 바란다. 동시에, 많은 이들이 문학을 잘 아는 것보다 '문학적인 삶'에 더 가까워지기를 희망한다. 저작으로 비평집 『로컬리티라는 환영』 『마음의 앙가주망』 인문에세이 『함께 부서질 그대가 있다면』 학술연구서 『독학자의 마음』 등이 있다.

타인

개인과 사회의 체온계
기분과 문학

그림책 작가 앤서니 브라운의 작품 중에 『기분을 말해 봐!』 웅진주니어, 2011 라는 저작이 있다. 책의 제목에서 확인할 수 있 듯, 이 작품에 등장하는 침팬지는 자신이 움츠려 있을 수밖에 없었던 마음의 이유를 찾기 위해서 슬픔, 외로움, 분노, 죄책감, 부끄러움 등 다양한 감정을 표현하고, 자신의 일상을 지배하고 있는 기분의 정체를 이해하기 위한 '발화'를 시도한다.

아동들의 감정 코팅과 정서 발달을 돕기 위한 책으로 알려 져 있는 『기분을 말해 봐!』에서 우리가 확인할 수 있는 질문은 세 가지이다. 기분이란 무엇인가? 그리고 기분과 감정은 어떻 게 다른가? 또 기분은 우리에게 어떤 영향을 미치는가 하는 것 이다. 허연 시인의 산문집 『너에게 시시한 기분은 없다』 민음사, 2022 에서도 확인할 수 있듯, 우리의 기분 중에서 '시사한 것'은 존재하지 않는다. 기분은 그만큼 중요하다.

내가 '기분'이라는 주제에 대한 원고를 준비하면서 가장 중 점을 둔 것은 이 글이 사변적 논고가 되어서는 곤란하다는 점이 었다. 어떻게 풀까, 고민하면서 먼저 '기분'과 관련한 사전적 정 의, 철학적 논의, 사회학적 함의, 심리학적 공과를 검토하였다. 그리고 기분을 표제나 소재로 삼고 있는 구체적인 문학/작품 들을 찾아 정리하였다.

시에서는 박상수의 『숙녀의 기분』문학동네, 2013 , 이영재의 『나는 되어가는 기분이다』창비, 2020 , 배은선의 『도움받는 기분』문학과지성사, 2021 , 유수연의 『기분은 노크하지 않는다』창비, 2023 , 산문으로는 박영란의 장편소설 『편의점 가는 기분』창비, 2016 , 구정인의 논픽션 『기분이 없는 기분』창비, 2019 , 정은의 수필 『기내식 먹는 기분』사계절, 2022 등을 찾을 수 있었고, 그중에서도 박영란의 『편의점 가는 기분』에 주목할 수 있었다.

하지만 왜 하필 문학인가? 문학 작품을 통해 기분에 관해 이야기하는 것은 가능한가? 그렇다. 이유는 두 가지이다. 첫째, 기분 氣分 의 유의어가 기의 氣意 이기 때문이다. 기분은 즉물적이고 자연스러운 감정처럼 느껴지지만, 사실 그 기분을 구성하는 의미 체계가 존재하고, 그것을 해석하고 판단하는 과정이 필요하다. 둘째, 기분은 일종의 감정이며 문학은 아주 오래전부터 인간의 마음 작용 情 을 다루어 온 언어예술이기 때문이다.

기분이라는 감정을 보여주는 문학 작품을 살펴보기에 앞서, 기분의 개념과 특징을 이해하는 데 필요한 철학, 사회학, 심리학적 관점을 검토해 보자.

2

국립국어원 표준국어대사전에 따르면, 기분 氣分 의 사전적 정의는 "대상·환경 따위에 따라 마음에 절로 생기며 한동안 지속되는, 유쾌함이나 불쾌함 따위의 감정"이며, 또 "주위를 둘러싸고 있는 상황이나 분위기"를 의미한다. 인간이 기분을 느낄 때 가장 중요한 것은 그것을 둘러싸고 있는 대상, 환경, 상황 등이며, 기분은 개인의 느낌과 감정을 넘어서 세계와 대상을 이해하고 감각하는 계기이다.

기분에 대한 사전적 정의는 마르틴 하이데거가 존재와 세계를 이해하는 계기를 '기분 Stimmung'이라는 개념으로 설명한 것과도 무관하지 않다. 이기상에 따르면, 하이데거는 철학사에서 거의 최초로 '기분'의 중요성을 강조했다고 한다. 조금 어려운 표현이 될 수 있지만, 기분은 인간이 어떤 세계 속에 투사되어 존재하고 있다는 것을 드러내며, 근본기분 Grund Stimmung 을 통해 현 세계의 본질적 상황을 이해할 수 있는 계기를 만들어준다. 기분은 자신이 처해 있는 상황을 이해하고 해석할 수 있는 단서인 셈이다.

또한 기분은 타인과의 관계와 상호교섭 과정을 통해 형성되며, 개인에게 상당한 영향력을 발휘하는 감정의 뭉치이다. 사회학의 미덕은 기분이 인간을 지배하고 통제하는 내적 감정의 체계를 의미하며, 그것이 당대의 지배 질서 도덕과 정치 와 어떤 관계를 맺고 있는지를 분석하는 시각을 제공해 준다는 사실이다. 또한 롭 보디스의 『감정의 역사』에서 보듯, 인간의 기분은 종종 통제할 수 없을 정도로 발현되어, 혁명을 추동하는 정동의 에너지로 분출되기도 한다는 점을 알 수 있다.

이와 달리, 심리학과 처세술 분야에서는 '기분'을 관리의 대상으로 삼고 있는 경우가 많다. 이 경우 전문적인 생물심리학이나 심리생리학에서부터 자기계발 영역에 이르기까지 기분은 일상을 구성하는 개인 심리적 요소가 되며, 그것은 기분 좋은 일상을 유지하기 위해 안정적으로 '관리'되어야 하는 감정이 된다. 예를 들어, 로버트 E. 세이어는『기분의 문제』라는 저작에서 기분을 생리적 기능과 심리적 경험을 두루 아우르는 색인과 같다고 얘기하면서, 무엇이 기분을 좋고 나쁘게 만드는지를 분석하여, 개개인의 기분을 조절하고 관리할 수 있도록 하여야 한다고 주장했다.

개인의 일상 속 기분을 조절하고, 그 과정과 방법을 통해 각자의 기분을 최적의 상태로 만들어주기 위한 노력은 중요하다. 다만, 기분을 개인의 불분명한 감정과 관리 대상으로만 보는 것은 곤란하다. 왜냐하면 하이데거의 말처럼, 기분은 인간이 '처해 있는 삶의 상태'를 인식하는 계기가 되어야 하기 때문이다. 심지어, 심리생리학자인 로버트 E. 세이어조차도 기분은 "우리에게 영향을 미치는 모든 내부적·외부적 사건을 반영하는 체온계와 같다"고 말하고 있다. 즉, '기분'이란 인간과 사회의 존재 상태와 상황을 감각할 수 있는 바로미터인 셈이다.

기분 Mood 이라는 감정이 느낌 Feeling , 정서 Emotion , 정동 Passion 등의 감정과 구분되는 것은, 그것이 유동적인 감정인 동시에 일련의 사회적 의미 체계를 갖고 있기 때문이다. 여기에서 문학의 필요성이 부각된다. 문학 작품은 화자나 등장인물의 기분과 그 이면에 있는 의미 체계를 육화된 언어를 통해 분석할 수 있다는 측면에서 유용하다. 앞서 언급한 박영란 작가의 장편소설 『편의점 가는 기분』은 청소년문학으로, 그러한 가능성을 보여주는 텍스트이다.

이 작품의 주인공 '나'는 외할아버지의 편의점에서 일하고 있는 고교 중퇴생이다. '나'는 미혼모인 엄마가 집을 나간 후 외조부, 외조모와 함께 생활하고 있다. 제목에서 알 수 있듯이 서사 전개의 핵심 배경은 '편의점'이다. '나'의 외조부는 구舊 지구에서 낡은 마트를 운영하고 있었는데, 도시 재개발로 인해 마트를 정리하고 신新 지구에 편의점을 열게 되었다. 신지구라고는 하지만, 대부분 가난한 이들이 거주하는 원룸가의 경계에 위치해 있으며, 어떤 미래도 꿈꿀 수 없는 주인공의 기분은 항상 우울하고 불안정하다.

『편의점 가는 기분』에는 '기분'이라는 어휘가 여러 장면에서 직접적으로 사용되는데, 그것은 크게 네 가지 용법을 보여준다. 첫째, '느낌'과 크게 구분되지 않는 기분이다. 이는 '나'와 등장인물의 관계 속에서 느끼는 일시적 감정으로 드러난다 "음악이 시작되고 불꽃이 탁탁 튀어 오르는 영상이 열리자 기분이 좀 그랬다". 둘째, '나'가 '수지'와 함께 있을 때마다 지속적으로 느끼던 안정감으로 '정서'에 가까운 기분이다 "수지를 태우고 새벽까지 여기저기 쏘다니다 돌아오는 날이면 어느 먼 행성으로 건너갔다가 돌아오는 기분이었다. 이상한 건 그렇게 어이없는 순간에 살아 있다는 기분을 느낀다는 거다. 뭔지 모르게 치밀어 오르던 감정이 순해지는 것이다". 셋째, 정동에 가까운 폭발적인 기분이다. 이 기분은 등장인물 '혹'이 주인공 '나'에게 학교를 그만두

게 된 이유를 묻는 장면에서 드러난다 "학교를 그만둔 결정적인 이유는 따로 있었다. 그건 이유라기보다 어떤 순간이었다. '나'는 "어떤 순간에 낯선 힘"에 의해 자퇴를 결심했다며, "그 엄청난 기분을 어떻게 설명하나"라고 이야기한다. 넷째, 지금 주인공이 처한 상태를 이해하고 설명하는 데 필요한 질문을 담고 있는 기분이다. 이 기분은 "이건 불운이 아니다. 방식이 잘못된 거다. 그렇다면 어디서부터 어떻게 잘못된 건가"라는 물음을 통해 구체적으로 환기된다.

여기에서 특히, 네 번째 유형의 기분에는 "세상이 나 같은 사람도 적응할 수 있도록 미지근하게 굴러"가지 않는다는 상황 인식이 전제되어 있다. 아직 세상은 고교 중퇴생에게 차갑기만 하고, 야간 편의점에서 만나는 훅, 진수지, 그녀의 엄마 역시 각자의 고단한 사연 속에서 하루하루를 힘겹게 버텨나가는 인간형으로 그려진다. 『편의점 가는 기분』은 놀랄 만한 사건 전개나 화해의 과정을 보여주지 않는다. 그러나 늦은 밤 편의점에서 만난 사람들은 각자의 불투명한 장래가 세계의 비참과 파국에 원인이 있을지 모른다는 기분을 느끼며, 그 처지와 상태를 인식하게 된다 "원룸가에 살면서 알게 된 게 뭔 줄 알아? 사람들은 점점 비참해지고 있다는 거야", "신지구와 구지구의 사이에 서서 여기가 이미 망했다는 것을 알려 주는 징표야".

편의점에서 '나'와 '훅'이 나누는 대화는 두 사람이 처해 있는 상황에 대한 '누적된 감정'의 표출이다. 지속적으로 축적된 감정은 주인공 '나'가 지금 어떤 상황에 처해 있는지를 드러낸다. 홍미로운 것은, 그 속에는 지금—여기 두 사람이 처해 있는 삶의 상태와 조건에 대한 적확한 인식이 담겨 있다는 사실이다. 이것은 세상이 너무 위험해져서 곧 폭발하고 말 것 같다는 외할아버지의 말을 통해서도 반복되는데 "세상은 엄청나게 위험해지고 말았다. 펑 터지기를 갈망하면서 부풀어 오르는 풍선처럼 뜨거워지고 있는 것", 이 작품에 등장하는 캐릭터들의 기분은 인간과 세계의 상태를 감지하는 체온계 역할을 한다.

3

정리하자면, 기분은 개인적, 사회적 관계와 상황에 의해 나를 지배하고 있는 '유동적인 감정'이자, 그 불분명한 생의 상태를 이해하고자 하는 계기이다. 박영란의 장편소설 『편의점 가는 기분』에서도 확인할 수 있듯, 문학은 우리를 둘러싸고 있는 '기분'의 애매모호한 상태를 정제된 언어를 통해 구체화시켜준다. 시에서는 그 기분을 서정적 형식과 감정을 통해 '표현'한다면, 소설에서는 그 기분을 서사적 문법과 주제를 통해 '재현'한다.

문학이 우리 사회의 정조情調, 다시 말해 개개인의 감각에 따라 일어나는 주류적 감정의 상태와 흐름을 감각하고, 불쾌하거나 유쾌한 감정의 원인과 배경을 추적하는 수단 혹은 도구 Media 가 될 수 있다면, 디지털미디어 시대에서도 문학은 약간의 쓸모를 가질 수 있지 않을까. 독서 인구가 감소하고 디지털 기술의 발달로 활자를 기반으로 하는 문학의 역할이 퇴주하고 있는 것은 분명하다. 그러나 문학은 일련의 형식과 내용을 갖추고 있으며, 독자의 적극적인 해석과 판단을 요구하는 사회적 텍스트이자, 문학의 탄생 이후 지금껏 단 한 번도 부정된 바 없는 '정情—기분'의 산물이다.

우리가 매일매일 느끼고 있는 '기분의 문제'는 생물심리학이나 심리생리학에서 주장하는 것처럼 우리의 일상을 이해하고 설명하며, 또 관리할 수 있는 요소일 수 있다. 그러나 기분에 대한 이해는 개인의 심리적 차원을 넘어서, 그 사람의 기분을 구성하는 사회심리학적 차원으로 확장되어야 한다. 우리가 최근 느끼고 있는 '설명할 수 없는 불안과 우울의 정체'를 운동과 명상을 통해 관리하는 것도 좋겠지만, 그 기분의 원인을 찾고 궁극적인 해결 방안을 모색하는 일 역시 필요하다.

그러기 위해서는 기분의 정체를 파악하기 위한 해석학적 접근이 요청된다. 여기에서 문학의 새로운 임무가 발견된다. 프랑스의 사상가 자크 랑시에르는 문학예술의 정치적 기능을 '감성의 분할'이라는 멋진 표현으로 개념화했다. 그리고 기득권의 지배적인 정치 체제와 불화하는 감각 체계를 발명하는 것을 정치적인 것, 즉 '문학의 정치'라고 불렀다. 또한 이탈리아의 저명한 마르크스주의 이론가인 프랑코 베라르디 비포는 문학의 정치성을 지배적인 감성 체계와 결별하는 '감수성의 혁명'이라고 명명했다.

이와 같이 문학의 정치란 문학 작품 속에서 '정치적 소재'를 다루거나 작가 자신이 현실정치에 투사로서 개입하는 것이 아니라, 일상 속에서 개인적, 집단적으로 환기되는 '우울한 기분', '불쾌한 기분', '속박된 기분', '억압받는 기분' 등을 예민하게 감지하고, 이를 해석하고 판단할 수 있는 의미의 지평을 정초하는 행위이다. 그러므로 문학을 통해 우리를 지배하고 있는 기분의 정체를 이해하는 일은 어쩌면 정치적 무관심으로부터 벗어나는 일과 다르지 않다.

그렇다. 어쩌면—결코 예상하지 않은 결말이긴 하지만—, 기분과 정치에 관한 질문으로부터 퇴조해버린 '문학과 정치'의 새로운 임무/도전이 시작될 수 있지 않을까. 조금은 진지하고 무거운 결말이 되고 말았지만, 지금 우리의 기분은 그렇다.

이성희

1989년『문예중앙』시인상을 수상하며 시인으로 등단했다. 부산대학교 철학과에서 장자철학 연구로 박사 학위를 받았다. 부산KBS 고전아카데미에서 10년간 기획위원을 역임하였으며 현재 인문고전마을 시루에서 노장사상과 미술 미학 강의를 하고 있다.

타인

예술과 기분,
그리고 멜랑콜리

위트릴로의 거리에서

어느 흐린 날, 욕망도 고뇌도 조금 무뎌진 오후 3시, 저 흰색의 거리, 익명의 적막이 뒷덜미를 스치며 지나가는 거리를 혼자 걸어보아야 한다. 즐거움도 슬픔도 아닌, 뭐라고 딱히 말할 수 없는 고요한 쓸쓸함 같은 것이 뒤를 따르는데 뒤돌아보면 아무것도 없는 거리. 위트릴로가 그린 「두유마을의 교회」1912 의 풍경이다.

위트릴로는 1883년 몽마르트르의 포토 거리에서 태어났다.

위트릴로 「두유마을의 교회」

그를 낳은 수잔 발라동은 어릴 때부터 서커스의 댄서로 지내기도 하고 카바레에도 출입하다가 몽마르트르 주변에 모여든 화가들인 드가, 로트렉, 르느와르의 모델이 된다. 그 와중에 가지게 된 아이의 아버지는 누군지 알 수가 없다. 위트릴로를 낳은 것은 저 거리, 예술의 마지막 낭만과 퇴폐가 가을날 낙엽처럼 스산하게 뒹굴던 몽마르트르의 거리인지도 모른다. 그가 어머니로부터 버림을 받고, 그리하여 모두에게 외면당하고 오직 술과 몽마르트르만이 그를 받아들였을 때, 그의 그림은 흰색으로 빛나기 시작하였다. 이 황폐한 젊은 날을 사람들은 '흰색 시대'라 불렀다. 위트릴로 흰색의 거리에서 우리의 감수성 속으로 스며드는 것은 희로애락 같은 감정이 아니다. 그의 거리 풍경에는 이런 감정이 표현되어 있지 않다. 정서의 흐름이 자기만의 이름표를 가지기 이전에 젖는 모호한 기분, 혹은 분위기 같은 것이 안개처럼 온몸으로 스민다.

우리도 그런 안개 같은 것 속에 한동안 뭔지도 모른 채 헤매고 있을 때가 더러 있지 않은가. 기쁨도 아니고 슬픔도 아닌데 그 모든 감정의 근저를 조용히 흔들고 있는 것, 그것을 '기분氣分'이라고 할 수 있으리라. "비도 추적추적 내리고 기분도 꿀꿀한데 파전에 막걸리 한 사발 어때?"라고 할 때 그 '꿀꿀함'을 딱히 어떤 감정이라고 규정할 수 있겠는가? 기분은 안개처럼 경계가 불분명하고 모호하다. 그래서 광활하다. 어쩌면 삶의 전체를 둘러쌀 만큼. 프루스트『잃어버린 시간을 찾아서』에서, 홍차에 적셔진 마를렌 과자가 마르셀의 마음을 흔들었을 때 마르셀

타인

에게 일어난 것은 특정한 감정의 동요 상태가 아닐 것이다. 특정한 감정은 그 광활한 추억으로의 여행을 떠나게 하기에는 너무 작은 엔진이다. 그 존재 전체를 휩싸는 더 근원적인 뭔가여야 한다.

네이버 국어사전에는 기분을 이렇게 정의하고 있다. 첫째, 대상 환경 따위에 따라 마음에 절로 생기며 한동안 지속되는, 유쾌함이나 불쾌함 따위의 감정. 둘째, 주위를 둘러싸고 있는 상황이나 분위기. '기분'이 가지는 어감을 온전히 포착하려면 사전의 두 가지 의미를 뒤섞어야 될 듯하다. 기분은 분위기와 이어진다. '기분 氣分 '이란 글자 그대로 하면 기가 나누어진 것이다. 기 氣가 세계의 토대를 이룬다는 기의 세계상은 우리 동아시아의, 오래되었지만 여전히 영향력을 끼치는 관점이다. 기론의 세계상은 사실 매우 심플하다. 기는 우주를 구성하는 일종의 에너지인데, 물리적인 에너지일 뿐만 아니라 생명력의 에너지이기도 하다. 만물은 기로 이루어졌다. 우리의 정서적 활동도 기의 운동이다. 따라서 내 몸을 이루는 기, 그 기의 일정한 운동에 의해 몸에 형성되는 감정의 기운과 내 주변의 상황이나 물리적 환경을 이루는 기 사이에 근본적인 차이란 없다. 사전적 의미에서 나누어졌던 '기분'과 '분위기'는 서로 이어져 있다. 위트릴로의 거리에서 우리가 마주하게 되는 정서의 흐름도 그러하다. 「두유마을의 교회」에서의 기분은 한적한 어느 거리의 풍경이면서 동시에 위트릴로 마음의 풍경이기도 하다.

기분, 그 모호한 지대와 멜랑콜리

　기는 이어져 있으면서도 분절되고, 분절되면서도 이어져 있다. 감정을 생산하는 마음의 작용을 명쾌하게 정의한 동아시아의 고전은 바로 『중용 中庸』이다. 그 가운데 조선시대 사칠논변 四七論辨이라는 어마어마한 철학적 논쟁의 쟁점이기도 했던 다음 구절은 매우 의미심장하다.

　희로애락의 감정이 아직 발하지 않은 것을 중中이라 하고
　발하여 모두 상황에 맞는 것을 화和라고 한다.
　喜怒哀樂之未發 謂之中 發而皆中節 謂之和

　몸의 음양 기운이 몇 가지 패턴으로 각각 발현되어 감정상태로 구체화된 것이 희로애락이다. 그런데 그것이 아직 발현되지 않은 상태를 『중용』에서는 '중'이라고 했다. '중'이란 고요한 마음의 본바탕, 아마 하늘이 부여한 그대로의 본성인 듯하다. 그러나 문제는 어떤 방향으로도 기울어지지 않는 고요한 상태라는 것이 과연 실재할 수 있을까 하는 의문이다. 그 이유는 마음과 몸의 기가 근본적으로 다르지 않다고 할 때, 완전한 이데아적 몸의 상태란 존재하지 않을 듯하기 때문이다. 몸은 언제나 이미 기울어져 있다. 그리하여 조금씩의 불균형을 품고 있기 마련이다. 이를테면 간, 신장, 비장, 폐 가운데 한 곳이 다른 곳보다 더 기가 성하거나 부족하게 몸이 이루어진다. 그래서 이제마의 사상의학 四象醫學 같은 것이 있게 된다. 한의학에서 장부는

타인

뒤러 「멜랑콜리 I」

각각 칠정 七情 의 감정과 연결되어 있다. 그렇다면 우리의 마음은 구체적 감정으로 발현되기 이전에도 각자 감정적 불균형, 혹은 모종의 경향성에 물들어 있는 셈이다. 그 경향성이 '기분'과 깊은 관련이 있는 것 같다. '중'과 '희로애락' 사이에 '기분'이 있다. 기분은 감정에 앞선다. 영어로는 'emotion'보다는 'mood'가 더 어울린다. '기분'은 우주가 하나로 이어지는 기이면서 그것이 막 분절되는 지대, 아직 뚜렷한 감정으로까지는 발현되지 않은 불분명한 경계 지대이다.

홍차에 적셔진 마를렌 과자는 마르셀의 이 지대 어딘가를 건드린 것이 아닐까. 그렇다면 이 기분이란 것은 심오한 미학적 함의를 가지게 된다. 우리는 많은 예술 작품에 대해서 이 기분의 범주들을 가지고 접근할 수 있을 것이다. 이 작품은 어떤 기분을 품고 우리의 어떤 기분을 건드리는 것일까 하는 미학적 질문을 물을 수 있겠다.

우리는 순순한 '중'에 있지 않다. 언제나 이미 어떤 기분 상태에 물들어 있다. 하이데거는 『존재와 시간』의 현존재 분석에서 이 세상에 던져진 실존으로서 '나'는 이미 모종의 존재론적 기분 상태에 있다고 하였다. 이 기분 상태는 의식적 수준에서 표출하는 모든 심리적 감정의 무의식적 근거이다. 그러한 마음 상태가 하나의 짐으로 현존재에게 계시된다고 하이데거는 말한다. 그것은 유식불교에서 말하는 업 業 과 매우 유사하다. 김형효, 『하이데거와 마음의 철학』참조 기분이란 한 존재의 근원과 이어져 있다. '짐'은 앞서 말한 마음의 경향성을 만들게 한다. 위트릴로의 풍경은 아무런 상징이나 감정을 드러내지 않지만 몽마르트르에 던져진 화가의 실존, 그 존재론적 기분에 물들어 있다. 그의 존재론적 짐, 우울 같은 것 말이다.

기분이란 한 존재를 넘어서 그를 둘러싼 분위기, 나아가 한 시대의 흐름 이것도 하나의 기이다 과 이어지기도 한다. 서양에서는 고대로부터 4원소의 과부족에 따라 혈액, 점액, 황담즙, 흑담즙으로 나누어지는 4체액설이 있었다. 흑담즙 체질을 타고난 사람은 희로애락의 발현 이전에 우울한 기분을 타고난다. 그것을 멜랑콜리 Melancholy 라고 한다. 멜랑콜리는 우울이다. 우울은 감정이 아니라 기분의 범주이다. 북유럽 르네상스의 선구자인 뒤러의 「멜랑콜리 I」은 한 시대의 기분을 상징적으로 보여주고 있다. 르네상스는 역동적이고 관능적인 시대이기도 했지만 또한 멜랑콜리의 시대이기도 하다. 르네상스의 사상과 예술에 심대한 영향을 끼쳤던 신플라톤주의자 피치노는 창조적 지식인과 예술가들은 멜랑콜리와 깊은 관련이 있다고 하였다. 그리하여 미켈란젤로의 작품에 등장하는 몇몇 인물들, 라파엘로 「아테네 학당」의 하단 전면에 턱을 괴고 깊은 사유에 빠져 있는 사람 헤라클레이토스, 뒤러의 「멜랑콜리 I」 같은 인물들이 그려지기 시작한다. 그것들은 전례가 없는 것들인데, 등장인물의 체질적 특성을 드러내는 동시에 그 시대를 흐르는 분위기를 구현한다. 그것은 고뇌하고 사유하는 근대적 개인의 출현을 알리는 한 시대의 조용한 선언이기도 하다.

위트릴로의 거리를 다시 걸어보자. 그 흰색의 골목길을 걷다가 모퉁이에서 문득 모딜리아니의 인물을 만난다면 뜻밖일까? 「검은 타이를 맨 여자」 같은 인물, 밖의 대상을 보는 것이 아니라 내면으로 침잠하는 동자 없는 눈을 가진 여자를 말이다.

모딜리아니 「검은 타이를 맨 여자」

위트릴로와 모딜리아니는 20세기 초, 예술적 열정으로 몽마르
트르를 같이 떠돌던 가난한 보엠이었다. 파리의 팽창으로 도시
에 흡수된 몽마르트르는 외진 위치와 저렴한 숙소로 노동자들
의 동네였다. 여기에 삼류 가수, 약장수, 건달, 가난한 예술가들
이 모여들었다. 고흐, 드가, 르누아르, 피카소, 브라크, 모딜리

아니, 위트릴로, 수틴 등이 그곳의 황량한 주민들이었다. 그들은 모두 무국적자이며 정처 없는 예술공화국의 시민들이었다. 그러나 몽마르트르 신화의 주인공은 뭐니뭐니 해도 위트릴로와 모딜리아니다. 그들은 그 장소의 순교자들이었다. 불행한 생애, 삶을 파괴하는 음주 행각, 브레이크가 부서진 열정을 그들은 공유했다. 모딜리아니는 평생 고집스럽게 인물화만 그렸고, 위트릴로는 강박적으로 거리의 풍경만을 그렸다. 전혀 다른 그림을 그렸던 이 둘은 그러나 동일한 기분에 싸여 있었다. 그들의 작품을 감싸는 기분은 한 개인사의 불우함뿐만 아니라 유미주의적 열정이라는 몽마르트르 공간의 기분, 불안한 세기말적 시대의 기분이다. 현대 유럽사에서 문명사적 위기 의식이 감도는 진정한 세기말은 1차 세계대전의 불길한 전운이 널리 퍼지기 시작했던 20세기 초이다 그들의 그림을 볼 때 우리는 그 기분에 감염된다. 위트릴로 흰색의 거리를 하염없이 걸어가는 모딜리아니의 눈동자가 없는 눈의 쓸쓸한 여인을 떠올리면서 르네상스와는 다른 유미주의적 멜랑콜리에 같이 젖게 된다.

기분의 미학

20세기 독일의 철학자이자 미학자인 루돌프 오데브레히트는 하이데거의 존재론적 기분 상태를 미학적으로 재해석하여 미의식의 전체성과 창조성을 기분의 개념과 연관 지었다. 오데브레히트에 따르면 기분이란 하나하나의 대상을 지향하는 감정과는 차원을 달리하는 '총체감정'이다. 그리고 그 총체감정은 위트릴로와 모딜리아니가 그림을 그릴 때, 그들의 주관을 이미 물들이고 있는 창조적 정조, 혹은 창조적 원리이다. 모딜리아니의 인물과 위트릴로의 거리는 모두 동일한 총체감정, 창조적 원리의 산물이다. 우리가 예술 작품을 만날 때 우리는 디테일의 기법이나 메시지의 의미 이전에 작가의 이 총체감정, 즉 기분과 만나게 된다.

예술 작품에서 그 작품을 감싸는 기분에 우선적으로 감응하고 해명하려는 비평적 방식은 동아시아의 고전적인 시 비평 양식인 풍격론 風格論 을 소환한다. 풍격론은 세밀하고 치밀한 분석, 혹은 거대한 담론들로 장식하는 현대 비평들과는 달리 작품 전체의 분위기에 감응한다. 풍격은 예술가가 그의 일련의 작품 중에서 표현해내는 모종의 통일된 예술 독창성의 특색이다. 비평 대상 혹은 관찰 대상이 발산하는 그 자신의 고유한 '분위기'인 것이다. 풍격비평은 당나라 때 사공도 司空圖 의 『이십사시품 二十四詩品 』에서 그 절정을 이룬다. 사공도는 시의 기분 mood 을 24개의 범주로 나누고 그 범주를 서술하거나 설명하지 않고 시로 이미지화하였다. 세계 문학사에 거의 유래를 찾아볼 수 없는 시로 된 시론이며 비평이다. 그런데 기분에 대한 해명은 분석적인 설명의 산문으로는 불가능한 것인지도 모르겠다. 어쩔 수 없이 시의 이미지로밖에 표현할 수 없는 것이 아닐까. 기분이란 그런 불분명하고 모호한 지대이다.

터오

이 황폐한 젊은 날을 사람들은
'흰색 시대'라 불렀다.
위트릴로 흰색의 거리에서
우리의 감수성 속으로 스며드는 것은
희로애락 같은 감정이 아니다.
그의 거리 풍경에는 이런 감정이
표현되어 있지 않다. 정서의 흐름이
자기만의 이름표를 가지기 이전에
젖는 모호한 기분, 혹은 분위기 같은 것이
안개처럼 온몸으로 스민다.
우리도 그런 안개 같은 것 속에
한동안 뭔지도 모른 채 헤매고 있을
때가 더러 있지 않은가. 기쁨도 아니고
슬픔도 아닌데 그 모든 감정의 근저를
조용히 흔들고 있는 것, 그것을
'기분氣分'이라고 할 수 있으리라.

장희창

동의대 교수 역임. 독일고전문학 연구와 번역에 종사하고 있다. 지은 책으로 『춘향이는 그래도 운이 좋았다』 『장희창의 고전 다시 읽기』 『고전잡담』이 있으며, 옮긴 책으로는 괴테의 『파우스트』 『색채론』 에커만의 『괴테와의 대화』 니체의 『차라투스트라는 이렇게 말했다』 귄터 그라스의 『양철북』 『게걸음으로』 『암실 이야기』 『양파껍질을 벗기며』 등 다수가 있다.

타이

서정시에서
'서정'이란 무엇인가?

    흔히들 문학의 3대 장르라고 하면 시, 소설, 희곡 또는 서정시, 서사시, 극시를 든다. 그러니까 시라고 하면 당연히 서정시를 가리킨다는 말이다. 그 당연함은 당연한 것인가? 서정시 Lyr-ik, lyric 라고 하면 대개는 '고독한 자아의 자기 토로, 주관적 감정 또는 기분의 직접적인 표현, 자연에의 내밀한 몰입' 등 독백적이고 감정적인 주관성으로 알려져 있다. 서정시에 대한 이러한 주관적 견해는 타당한 것인가? 타당하지 않다면 이러한 견해는 어디에서 온 것인가? 그리고 서정시 개념 규정에 있어서 주관성을 대체할 수 있는 다른 기준을 설정할 수 있을 것인가? 이런 물음들과 관련하여 20세기 중후반 독일어권 영역 내에서 문예학의 흐름을 주도했던 연구자들의 다양한 견해를 검토하는 것이 이 글의 주된 방향이다.

    문예학자 카이저 Wolfgang Kayser 는 문학 내재적 형식 연구의 교과서로 평가되는『언어예술작품』1978 에서 대상의 내면화를 서정시의 본질이라고 말한다. 서정성이란 한마디로 세계와 자아의 융합이며, 외부 대상의 인간 내면으로의 질적 변화라는 것이다. 스위스의 문예학자 슈타이거 Emil Staiger 도 거의 동일한 맥락에서 서정성의 본질을 주체와 객체 사이의 간격 부재 주효로 규정한다. 슈타이거의『서정시의 기본 개념』1968 과 더불어 로망스어 영역권 내에서 현대시의 기원을 치밀하게 추적한 시학 이론서인 『현대시의 구조』1956 를 펴낸 후고 프리드리히는 슈타이거와는 달리 감정, 정감 또는 기분을 서정성의 본질로부터 완전히 배제하지만, 독백하는 시인의 고독이란 점에서는 슈타이거와 견해를 같이 한다. 고트프리트 벤도 『서정시의 여러 문제』1951 에서 서정시를 '은자 隱者 의 예술'이라고 말한 바 있다. 이상에서 본 바와 같이 서정성에 대한 20세기 중후반 연구자들의 일반적 견해는 주관성이라는 하나의 공통분모로 묶여질 수 있다.

슈타이거가 말하는 간격의 부재는 주체와 객체, 영혼과 풍경, 내용과 형식, 시인과 독자 사이에 어떠한 간격도 존재하지 않는다는 것이다. 그리고 그 간격의 부재를 메꾸어주는 것으로 슈타이거는 회상 Erinnerung 이라는 개념을 가져온다. 슈타이거는 자연적 장르로서의 시, 소설, 희곡이라는 세 구분을 파기하고 인성학적 근거에 입각하여 '서정적', '서사적', '극적'이라는 문체 개념을 설정하려고 시도하면서, 서정적 문체의 기본 특성을 회상 回想 , 서사적 문체의 기본 특성을 제시 Vorstellung , 극적 문체의 특성을 긴장 Spannung 이라고 본다. 그러니까 그의 회상이라는 개념은 인성학적 범주에서 제시된 것으로, 실제로 쓰여진 서정시들로부터 객관적인 척도를 이끌어낸 건 아니었다. 그에 의하면, "회상은 주체와 객체 사이의 간격 부재, 서정적 융합에 대한 명칭이어야 한다. 현재, 과거, 심지어 미래적인 것까지도 서정시 속에서 회상될 수 있다." 시학의 기본 개념들, 47쪽

티오

슈타이거의 회상이라는 개념은 문예학자 아스무트 Bern-
hardt Asmuth 에 의하면, 실존주의 철학자 하이데거의 기형적인
언어 조작의 전통에서 기인한 것이다. 아스무트의 시학 이론서『서정
시의 여러 양상』 1981 참조 카이저가 슈타이거의 회상이라는 개념
대신에 내면화 Verinnerung 라는 말을 사용했지만 둘 사이엔 거
의 아무런 차이가 없다. 회상이나 내면화는 서정시의 주된 특성
이 내면성 Innerlichkeit 에 있다는 견해의 변형에 지나지 않는다
는 것이다. 다시 아스무트에 의하면, 슈타이거가 서정성의 본질
규정에 있어서 내면성에 집착하는 것은 헤겔의 서정시 관에서
비롯한 것이다. 헤겔은『미학』에서 서사 장르와 서정 장르의 차
이를 다음과 같이 논하고 있다. "그 자체 객관적으로 완결된 총
체성으로서, 주체와 마주 보고 있는 사물에 귀를 기울이고자 하
는 데서 서사문학이 성립하고, 그와 반대로 서정 문학은 자기를
내보이고 자기 자신의 표현에서 정감을 얻는 정반대의 요구를
충족한다." 아스무트의 같은 책, 83쪽에서 재인용

그러니까 슈타이거는 서정 문학을 주관성으로, 서사문학을
객관성으로 규정하는 헤겔의 견해를 그대로 받아들인 것이다.
그러나 현대소설의 탈 脫 줄거리 경향에서도 보다시피 서사문
학의 객관성은 점점 의심스럽게 되고, 따라서 서정문학의 본질
을 주관성으로 제한하는 것도 타당하지 않게 되었다.

이러한 주관적 서정시 개념에 바탕하여 슈타이거는 서정성
의 기준을 아이헨도르프, 괴테의 노래 Lied 나 민요에서 찾는다.
요컨대 그는 서정성의 기준을 오늘날의 독일어 언어 감각에서

세우고 있는데, 사실상 괴테와 낭만주의자들의 서정시는 2천5백 년 서양의 시사 詩史 에 비교하면 거의 우연에 지나지 않는 것이다. 18세기의 자연과 감정을 숭배하는 낭만주의의 정감 문학에서 비롯되었던 서정시 개념을 슈타이거는 오늘날의 지배적인 서정시 개념으로 확장시킨 것이다. 다시 말하면, 그는 18세기의 시대정신이었던 감정의 숭배, 비합리주의를 나타내는 데에 정감 서정시가 가장 적합하였다는 역사적 사실로부터 잘못 유추하여, 정감 서정시가 모든 서정시를 대표하며, 따라서 서정시의 본질은 주관적 내면성이어야 한다고 해석하게 된 것이다. 18세기의 시대정신은 슈타이거가 이해하고 있는 것처럼 물론 서정적인 것의 모태이다. 그러나 그는 서정시에 있어서 감정, 정감 또는 기분이 차지하는 부분을 인정하는 것을 넘어서서 감정 자체를 과대평가했던 것이다. 이성에 대항하는 감정의 정당한 해방이 모든 감정은 그 자체 무조건 좋은 것이라는 견해로 오도되었던 것이다.

좀 다른 각도에서 생각해보자. '아우슈비츠 이후 서정시를 쓴다는 것은 야만이다.'라는 잘 알려진 발언에서 아도르노가 서정시를 거론한 것은 무슨 이유에서였던가? 전대미문의 참상을 겪은 마당에 심미적 서정 운운함은 어불성설이라는 말일 것이다. 아울러 이 발언은 자아와 세계의 동일성을 추구하는 서정적 자아 자체를 겨냥하고 있기도 하다. 파편과 타자와 외부의 것을 배제하려는 낭만주의적 자아는 자신의 의지를 세계의 의지로 호도할 위험성이 농후하며, 이는 세계에 대한 폭력으로 드러날 수 있기 때문이다. 2차 대전을 전후하여 독일과 일본의 파시즘 체제하에서 오히려 인간 내면의 섬세한 감성을 자극하는 시와 노래가 유행했다는 것에 유의할 필요가 있다.

이상에서 오늘날의 지배적인 주관적 서정시 개념이 역사적으로 제약된 것이고, 서정 장르의 정당한 기준이 될 수 없음을 알았다. 이러한 입장을 견지하면서 아스무트는 서정시에 대한 주관주의적 견해를 반박하는 시의 사례들을 차례대로 열거한다. 사물시, 절대시, 구체시, 연애시, 축제시, 파당시, 저항시 등이 그것들이다.

소위 말하는 사물시 Dinggedicht 에서 시인들은 인공적인 것, 인간의 손에 의하여 제작된 사물들을 시창작의 대상으로 택하였다. 예컨대, 뫼리케는 램프를 소재로 하여 거리를 두고 관찰하면서 묘사하는 방식의 시를 썼고, 릴케는 로마의 분수를 소재로 한 시를 발표하였다. 이러한 시들에서 서정적 자아는 낭만주의의 정감시에 있어서처럼 시의 주체이거나 자신의 체험의 증인이 아니다. 오히려 시인은 이러한 서정적 자아가 자기 자신에게 불확실한 것이 되었기 때문에, 객관적인 사물 자체의 진리성과 신뢰성을 추구하게 된다. 감정 내지 기분은 이제 더 이상 서정성의 본질적 요소가 되지 못하고 시 창작의 외곽으로 밀려나게 된다. '시는 감정이 아니라 경험 Erfahrung 이다.' 라는 릴케의 말은 이러한 흐름을 잘 나타낸다.

그다음으로는 보들레르가 처음으로 시도했던 절대시를 들 수 있다. 초사실주의의 슬로건이 되었던 로트레아몽의 명제에 의하면, "해부 책상 위에서의 재봉틀과 우산의 우연한 만남에서도 미가 생겨날 수 있다." 아스무트의 같은 책, 94쪽에서 재인용 초사실주의에 있어서의 이러한 불협화음적인 미의 추구는 이미 초기 낭만주의자들의 이론적인 저술, 특히 노발리스의 경구들과 슐레겔의 낭만적 반어에 대한 해명에서도 찾아볼 수 있다. 이러한 초기 낭만주의자들에게서 징조를 보이기 시작한 현실 해체의 경향은 보들레르에게서 정점에 달한다. 상상력을 꿈과 동일시하는 그에게 있어 상상력은 창조적 능력, 인간 능력의 여왕이다. 후고 프리드리히가 현대시의 시조로 단정 짓는 시인 보들레르는 다음과 같이 말한다. "상상력은 전체를 분해한다. 가장 깊은 영혼의 내부에서 성립하는 법칙들에 따라 분해된 부분들을 수집하고 분류하여 하나의 새로운 세계를 탄생시킨다." 현대시의 구조, 55쪽 참조 절대시의 이러한 현실 해체의 특성은 18세기에 생겨난 정감시의 주관성과는 완전히 상반된다. 시인 자질의 유일한 증거로서의 영감에 찬 감동은 이미 19세기 초 이래로 소멸되어 갔던 것이다. 절대시에 있어서의 이러한 주지주의적 경향은 낭만주의적 의미에서의 서정성을 완전히 배제한다.

1950년대 중반 이후 60년대와 70년대에 걸쳐 전개되었던 구체시 운동도 마찬가지다. 말라르메, 이탈리아의 미래주의자, 다다이즘, 아폴리네르의 아이디어를 이어받은 곰링어 Gomringer 에 의하면 구체시는 언어기호의 다양한 형태를 인위적으로 조작함으로써 시각적, 청각적 이미지를 강하게 불러일으킨다. 이러한 구체시는 종래의 서정성이란 개념과 완전히 결별하고

타인

자신의 재료인 언어기호를 시작의 대상으로 삼는다. 즉 언어의 물질성에 바탕을 둔다.

낭만주의의 정감시나 현대시 주로 절대시의 의미에서 와는 달리 주관적 내면성이나 서정적 자아의 고독에서 완전히 벗어나 있는 시들은 엄연히 존재한다. 이러한 시들은 정감시나 주관적인 시들보다 훨씬 오랜 역사적 배경을 가지고 있는데, 한 명 혹은 다수의 상대방에게 말을 건네는 시들이 여기에 해당한다. 이 시들은 2백 년의 역사를 가진 독백적 서정시에 비해 2천 년의 역사를 가진다. 이러한 시들은 고독한 자아의 독백적인 자기 토로나 자연에의 고독한 몰입에서 벗어나 상대방을 향하는 것이며, 따라서 서정시의 주관성이라는 지배적인 견해에 결정적인 반증으로 제시될 수 있는 것들이다.

우선 연애시는 가장 개인적이면서 동시에 가장 보편적으로 이해되는 문학 양식이다. 전형적인 정감시와의 차이점은 너를 향하고 있다는 점이다. 고독한 자아의 언명이 아니라 사랑하는 사람에게 말을 건네는 것이 전면에 놓여 있다. 타인에 의해 방해받지 않는 감정에 우선권을 부여하는 슈타이거 류의 시론은 사랑을 다루는 시를 애써 회피한다. 축제시, 격언시, 파당시, 사회비판적 정치 가요, 저항시들은 그 모두가 집단적 반응과 상호행동을 수반하는 시들이다. 이러한 시들의 가장 원초적인 형태는 단조롭게 반복되는 행동을 리듬에 맞추어 경쾌하게 부르는 노래이다. 이것들은 처음에는 단순한 '어영차'에서 시작하여 거이 모든 공동 작업에서 불려어지는 노동요를 거쳐 춤곡, 행진가, 방랑가에까지 이른다.

고대에 서정시 Lyrik 는 현악기에 맞추어 한 명의 독창가수혹은 합창단에 의해 노래불러지는 시행을 가진 텍스트로 이해되었다. 예컨대 송가 Ode 는 리라 혹은 키타라라고 불리는 현악기의 반주로 불렀는데, 여기에서 서정시 Lyrik 라는 명칭이 생겨났다. 그러므로 Lyrik은 본래부터 노래와 밀접한 연관을 맺고있었다. 그런데 18세기에 이르러 Lyrik이라는 말은 원래의 노래와의 연관성을 상실하고 인간의 주관적 내면성을 잣대로 해석되고 말았던 것이다.

Lyrik의 공통적인 특징은 짧다는 것이다. '짧기'는 헤겔이 서정시 장 章 에서 규정했던 바와 같이, 분리성, 부분성 그리고 개별성의 원리와 연관되어 있다. 서정시는 시간의 기준에 따르면순간을 향하며, 객관성 획득이라는 기준에 따르면 개별화를 지향한다. 시는 이 상황에서 세계의 전체성의 한 점과 접촉하는주체이다. 아스무트의 같은 책, 129쪽에서 재인용

아스무트는 서정시의 특성으로 짧기 이외에 노래 또는 노래할 수 있음을 그 특징으로 제기한다. 다른 장르에서보다 시에 있어서 문학과 음악의 본래적인 결합을 보는 것은 당연하지않은가. 서사문학은 이야기로써, 극문학은 역할극으로써 명백한 제시 형식을 가진다. 서정시도 제3의 장르로 정립되기 위해서는 고유한 제시 형식을 가져야 할 것이다. 지금까지 보았다시피 서정시의 필수적인 구성요소로 보았던 주관성은 이러한 제시 형식으로는 미흡하다. 아스무트는 옛날의 서정시가 토대로

삼았던 노래를 이야기, 역할극과 같은 분명한 제시 형식으로 본다. 서정시의 핵심은 Lied 리트, 노래, 가요시 이며, 이 Lied에 있어서 노래는 우리가 앞에서 시의 유일하고 확실한 특징으로 규정했던 짧기와 결합된다. 이제 그에 의하면 하나의 텍스트가 서정적이라는 것은 그것이 노래 Gesang 와 연관될 때이다. 이 점이 아스무트가 그의 시학 이론에서 선배 문예학자들의 주관적인 견해들을 극복하고, 독창적인, 아니 고대로부터의 전통을 재발견한 서정 시론의 핵심이다.

다시 정리해보자. 슈타이거의 관점에서 시인들은 그들의 고독에 주관적 감정 표현을 부여할 수 있으며, 벤이 말하는 대로 엄격한 지성 속에서의 은자로 여겨질 수도 있다. 그러나 이러한 경향은 지난 2백 년간을 반영하는 역사적으로 제약된 관점에서 내려진 평가이며, 서정 장르의 본래 특성을 전도시킨 극단을 보여준다. 왜냐하면 서정시 중에서 가요시 Lied 가 가장 대표적인 것이라는 사실, 그것이야말로 서정시가 세 장르 중에서 가장 사회적인 것임을 말해주기 때문이다. 누구나 가요시를 손쉽게 함께 노래할 수 있지 않은가.

가끔 한국을 방문하는 독일인 교수 한 분에게 저녁 식사를 마친 후, 골목마다 즐비한 노래방에서 음주 가무를 즐기는 한국인들의 모습이 유별나게 보였던 모양이다. 그가 우스개 삼아 했던 말이 기억난다. "한국이야말로 진정으로 음악과 시인들의 나랍니다." 한국이 신명과 흥의 나라라는 건 이제 전 세계인들이 질 알고 있지 않은가.

1984년에 아스무트의 『서정시의 여러 양상』을 번역, 요약하여 다른 연구자와 공동 연구 형식으로 발표하였고, 다음 해 그것을 정리하여 필자의 이름으로 논문집에 게재한 적이 있다. 이 글은 그것들을 참조하여 '서정성'이란 무엇인가를 다시 검토해 본 것이다.

한국을 방문하는 독일인 교수 한 분에게
저녁 식사를 마친 후,
골목마다 즐비한 노래방에서
음주 가무를 즐기는 한국인들의 모습이
유별나게 보였던 모양이다.
그가 우스개 삼아 했던 말이 기억난다.
"한국이야말로
진정으로 음악과 시인들의 나랍니다."
한국이 신명과 흥의 나라라는 건
이제 전 세계인들이 잘 알고 있지 않은가.

이성철

창원대학교 사회학과 교수이며, 산업 및 노동사회학을 가르치고 있다. 산업 문제를 문화의 시각에서 바라보려는 관심으로 여러 논문과 단행본을 썼다. 대표적인 저서로 『영화가 노동을 만났을 때』 『안토니오 그람시와 문화정치의 지형학』 『노동자계급과 문화실천』 『경남지역 영화사』가 있다.

엮은이

기분은
내 마음대로
되지 않는다

언젠가 '갑분싸'라는 말을 몰라서 주위를 갑분싸하게 만든 적이 있다. '갑자기 분위기가 싸해진다'는 뜻이다. 회의나 모임 중에 누군가의 한마디 말이나 행동 때문에 분위기가 묘하게 달라지는 상황을 묘사한 재미난 말이다. 일종의 분위기를 깨는 kill joy 사람이 되는 셈이기도 하다. '갑분싸'를 몰랐던 나는 졸지에 '갑분교' 갑자기 분위기가 교장 선생님의 말씀을 듣는 시간처럼 되어버렸다는 뜻 가 되어버렸다. 아무튼 지금부터는 '갑분교'의 느낌이 많이 나는 글이 되겠다.

분위기 雰圍氣 의 한자 '위' 圍 는 '둘레' 또는 '둘러싸다'라는 것이기 때문에 우리들의 기분은 개인적인 것만이 아니라 위의 예처럼 모종의 냄새 ? 를 지닌 집단적인 것이기도 하다. 영어권에서는 분위기를 대기 大氣 라는 뜻을 가진 애트모스피어 atmosphere 라고도 한다. 그래서 우리를 둘러싼 환경이 감정이나 정서 affect 에 영향을 미치는 affect 것이 되기도 한다. 정서나 영향 모두 영어로 어펙트 affect 라고 쓴다. 동서양 모두 분위기는 '나를 둘러싼 어떤 환경'이라는 공통점이 있는 셈이다. 그래서 이 글에서는 기분 미음 감정 등이 사회와 함께 지낸다는 것을 이야기하고 싶다.

평소 책을 읽으면서 되새기고 싶은 문장이나 주장들이 있으면 이를 갈무리해두는 공책이 있다. 몇 년 되었는데 벌써 여러 권에 이른다. 이 공책 이름을 '초서록' 鈔書錄 이라 해두었다. 다산 정약용 선생이 제자들에게 강조한 '초서' 鈔書 에서 따온 것이다. '초' 鈔 는 '노략질'이라는 뜻이다. 책에서 배운 바를 가져왔으니 좋은 노략질일까? 그리고 읽은 책들을 따로 정리해두는 스마트폰 앱도 있다. 이 앱에서 '기분'을 검색해보았더니 꽤 많은 관련 도서가 떠올랐다. 대부분 '마음'이라는 단어를 지닌 책들이다. 그중에서 『마음사회학』이라는 책을 다시 펼쳤다.

흔히 마음은 가장 개인적인 것이라고 생각한다. 그런데 이 글의 서두에서 기분이나 분위기를 '관계적'이라고 했는데, 마음도 그렇지 않을까? 아나나 다를까 사회학자들이 쓴 『마음사회학』에서도 마음을 관계적으로 다루고 있었다. 책의 부제도 '마음과 사회의 동행'이다. 저자들은 '마음은 바깥으로 지향하는, 즉 자기를 벗어나는 운동이기 때문에 사회와의 연기적 緣起的 관계를 논하는데 훨씬 더 적합하다'고 말한다. 나아가 '마음은 사회 혹은 사회적 맥락 없이는 형성조차 어렵다'고 주장한다. 한편 김소연은 마음과 풍경의 관계를 다음과 같이 묘사하는데, 문학적이면서도 역시 사회학적이라고 생각한다. "마음을 확산하는 것이 유리라면, 마음을 수렴하는 것은 거울인 셈이다." 이에 덧붙

타인

여 그녀는 감정-기분-느낌의 의미를 다음과 같이 말하기도 한다. "감정이 한 칸의 방이라면, 기분은 한 채의 집이며, 느낌은 한 도시 전체라 할 수 있다." 나는 이 표현이 각 개념들의 위계서열이나 유형 또는 분류법이라고 생각하지 않는다. 어쩌면 우리의 마음이 지니고 있는 중첩적 결정이라고 말하고 싶다.

그동안의 사회학 연구들은 대개 그 분석단위가 큰 것, 즉 '구조'에 대한 것들이 훨씬 많았다. 그러나 최근 들어 거시적인 구조와 미시적인 행위의 상호작용에 대한 연구들이 부상하고 있다. 기분과 마음과 관련된 또 다른 사회학 연구서도 이에 속한다. 앞서 살펴본『마음사회학』이 동양사상을 중심으로 마음과 사회의 관계를 살펴본 책이라면,『마음의 사회학』은 주로 서양의 이론적 전통에서 그동안 간과되어온 마음의 문제를 집중적으로 조명한다. 이 책에서 저자는 마음을 '하나의 살아있는 구조'로 인정하면서, '마음이란 결국 나의 것이 아니라, 우리의 것, 개인의 것이 아니라 사회의 것, 사유하는 물건이 아니라 공유하는 매체가 아닐까'라는 의제를 던진다. 그래서 등장하는 개념이 '마음의 레짐' regime 이다.

'레짐'은 흔히 '체제'로 번역된다. 우리가 익히 알고 있는 '체계'는 '시스템' system 에 가깝다. 둘 다 비교적 지속적인 시공성을 지닌 개념이지만, 레짐은 시스템에 비해 특히 시간의 지속성이 상대적으로 짧다. 떡 부리지게 얼마나 짧으냐고 단언할 수는 없지만, '87년 노동체제'라는 개념을 떠올리면 좋겠다. 이 개념은 한국 노동운동사에서 이제는 고유명사처럼 사용하고 있는 용어이다. 1987년부터 본격적으로 점화되고 1997년 외환 위기 이후 약화된 약 10년간의 한국 노사관계 특징을 일컫는 말이다. 여기서 '87년 노동체제'의 내용을 소개하려는 것이 아니다. 이 예를 통해 레짐이라는 말이 지니는 시간의 지속성이 시스템에 비해 상대적으로 짧다는 점을 설명하기 위해서일 뿐이다. 반면 '체계'시스템 는 레짐에 비해 훨씬 더 장기적이고 지속적이다. 예컨대 '자본주의 체계'처럼…… 그래서 『마음의 사회학』 저자는 '마음이 사회적 행위자들의 습관화된 행동 패턴을 지도하며 사회적 행위의 조형에 영향을 미치는 구조화된 시스템의 하나'로 레짐을 말하고 있는 것이다.

한편 서양사학을 전공하고 있는 김학이 교수는 그동안 사학계에서 크게 주목하지 않은 '감정'의 문제를 꾸준하게 연구·소개하고 있다. 그는 감정을 동물적인 혹은 신체적인 현상으로만 볼 것이 아니라 역사적인 현상으로도 봐야 한다고 주장한다. 또한 앞서 살펴본 것처럼 감정을 레짐으로 파악한다 emotional regime. 즉 감정은 이념과 달리 제도 즉 체계 가 없지만, 감정에는 분명히 역사가 있다고 강조한다. 그는 이러한 논지를 증명하기 위해, 16세기의 의학 텍스트, 17세기에 전쟁을 직접 겪은 사람들의 일기, 17-18세기 종교적 경건주의 텍스트, 그리고 19세기 어느 자본가의 편지와 회고록과 20세기의 나치즘 일상사와 관런된 자료들을 분석하고 있다. 그의 논지는 명확하다. 즉 감정은 공동체의 규범을 개인에게 연결시키는 통로라고 말한다. 역시 기분-마음-감정은 미시적인 것이 아님을 알 수 있다.

기분-마음-감정이 단순한 개인 수준이 아니라 집단적이고 공동체적인 것과 깊은 관련을 지니고 있다는 이상의 주장들은 오래전부터 얘기되어 왔다. 예컨대 레이먼드 윌리엄스의 '정서구조' the structure of emotion 가 그것이다. 그는 정서를 느낌 feelings 으로 달리 표현하기도 한다. 이는 기분이나 마음 또는 감정과도 통하는 말이다. 윌리엄스가 말하는 정서 또는 느낌은 평소 명료하게 표출되지는 않지만, 그럼에도 불구하고 일반 대중들이 품고 있는 어떤 에너지나 의도 등이 그 속에 담겨 있다. 그가 정서 느낌 라는 말을 사용하는 이유는 다음과 같다. 첫째, 정서는 주관적인 것과 개인적인 것만을 의미하지 않는다. 그래서 '구조'라는 말이 붙었다. 일종의 사회적인 공감대라고 할까? 둘째, 정서는 세계관이나 이념과 같이 굳어진 정형화된 개념들과 구분된다. 왜냐하면 정서는 생물이기 때문이다. 셋째, 혹자들이 정서나 느낌을 '경험'이라 부르는 것에 대해서도 선을 긋는다. 경험은 대개 과거 시제로 쓰이는 반면 ~을 겪었다. ~을 경험했다 등, 정서에는 미래에 대한 희망이나 실천 의식이 담겨 있다고 보기 때문이다. 이는 에른스트 블로흐가 말한, '감정은 희망의 원리가 사라진 후의 진공상태를 잠시 채우고 있다'는 뜻과 닿아 있을 것이다.

이 글의 제목은 '기분은 내 마음대로 되지 않는다'인데, 필자의 일본어 선생님께 이를 일본어로 어떻게 표현하는지에 대해 여쭤보았다. 왜냐하면 일본어의 '기분'은 앞서 살펴보았던 레짐보다 지금도 일상에 큰 영향을 미치는 체계에 가까운 것으로 보였기 때문이다. 개인과 집단의 수준을 포괄하는 일종의 '아비투스' habitus 로 자리 잡고 있는 것이 일본의 '기분'이 아닐까 하는 생각이 들어서이기도 했다. 참고로 일본에서 들어온 우리말 어휘 중에 '기분'은 1918년에 처음 등장한다 조선총독부, 『조선사서원고』에서 . 일본에서는 기분을 나타내는 표현이 뉘앙스에 따라 매우 다양하다. 잠깐 소개하면 다음과 같다. 키모찌 気持, きもち 는 직역하면 '기분을 가진다'는 뜻인데, 예컨대 목욕 후 맥주 한 잔으로 찰나적이지만 기분이 좋은 순간을 말한다. 그리고 키겐 機嫌, きげん 은 잠시 동안, 예컨대 오늘따라 상태가 좋다는 뉘앙스를 갖고 있고, 키붕 気分, きぶん 은 기모찌나 키겐보다 좀 더 장기적인 느낌이라고 한다. 이를 시간 길이로 세워보면, 키모찌〈 키겐〈 키붕으로 정리할 수 있겠다. 회화에서는 가끔 혼용될 때도 있다고 한다. 그런데 개인적인 수준인 듯한 이러한 기분들이 '공기' 쿠-끼-, 空気 , くうき 와 만나면 관계적이고 공적인 것으로 변모한다. 즉 사회적으로 중요한 관계의 그물망이 된다. 달리 말하면 공기는 사회적으로 중요한 '집합의식'으로 작용한다.

SNS의 어딘가에서 젊은이들이 사용하는 신조어들을 소개한 것을 봤다. '시대 언어 따라잡기'였던 것 같다. 대부분 세대

차를 느낄만한 말들이었는데, 그중에 '삔또'라는 말이 있었다. 우리나라의 특정 지역에서 주로 사용한다고 하는데, '삔또가 맞지 않다'라고 사용하고, 그 뜻은 '분위기를 못 맞춘다'는 것이라고 한다. 그리고 '카메라의 초점이 맞지 않다'라고 할 때 '핀트가 맞지 않다'라고도 한다. 일본에서도 이 말을 사용한다. 예컨대 '핀또가 아와나이' ピントが合わない、분위기를 못 맞춘다. 라는 표현이 그것이다. 이러한 이유로 '삔또'가 일본어에서 건너온 말이라고 생각하는 사람들도 있다. 참고로 '핀또'는 16세기 경 일본에 전해진 네델란드 말이 일본화된 것이다. 그러나 일본에서는 이 표현보다 '공기를 읽지 못한다,' 쿠-끼-오 요메나이. くうきをよめない。는 말이 더 많이 사용된다. 이처럼 동서양 모두에서 '공기가 달라졌다'는 등의 말을 쓰기도 하지만 일본은 유독 다른 것 같다. 마치 노자가 『도덕경』 제43장에서 "무유 無有 가 인어무간 人於無 間 하니" 형체가 따로 없는 것이, 즉 공기 같은 것들이, 틈이 없는 사이에도 들어가니 한 것처럼, 그렇게 일상에 스며들어 있는 것이 일본의 공기 개념이다.

『공기의 연구』를 쓴 야마모토 시치헤이 山本七平 는, 공기는 '교육도 논의도 데이터도 그리고 아마 과학적 해명조차 당해내지 못하는 그 무엇'이라고 정의 ? 한다. 그러면서 '공기거역죄' 抗 空氣罪 를 예로 든다. 물론 성문화된 법률에는 없는 죄목이다. 이를 위반하면 '무라하치부' 村八分 형에 처한다. 무라하치부는 에도시대부터 내려오던 일종의 사회적 제재였다. 즉 마을 구성원이 공동체의 규범이나 질서 등을 어겼을 때 집단이 가하는 무형의, 즉 공기를 통한 제재였다. 제재를 받은 사람은 공동체와 그 구성원들과의 교류가 완전히 끊어져버린다. 단, 전염병 예방을 위한 시신의 수습이나 화재 진화 등의 참여는 예외 일종의 이지메인 셈이다. 그는 공기가 모든 것을 제어하고 통제하는 강력한 규범이 되어 사람들의 입을 막는 현상이 예나 지금이나 다를 바 없다고 말한다. 그리고 이 책에서 공기는 마을 단위를 넘어서 '정치, 경제, 사회, 군사, 문화, 심지어 이불 속까지 파고든다'고 밝히고 있다. 이 밖에도 공기와 관련된 수많은 사례들이 있지만 일본의 공기가 개인의 기분과 어떻게 연결될 수 있는지 느끼는 것만으로도 충분할 것이다.

지금까지 기분이나 마음, 그리고 감정이나 정서가 단지 개인적인 수준에 그치는 것이 아니라, 공동체 또는 사회의 환경과 밀접한 관계를 맺고 있다는 점들에 대해 살펴봤다. 그렇다고 해서 개인이 느끼는 기분 상태를 무시하는 것은 아니다. 레이먼드 윌리엄스를 소개할 때 언급한 바처럼, 개인들은 자신의 기분을 완전히 탕진하지 않는다. 이를 적절히 유보하거나 저장해두었다가 필요한 때가 오면 이를 바람직하게 발산하기도 한다. 물론 보다 나은 사회를 향한 발산이기 때문에 레이먼드 윌리엄스는 이를 정서 이제는 기분이라고 해도 좋다 의 실천의식이라 불렀을 것이다.

한재림 감독의 영화 〈관상〉 2013 에서 천재 관상가인 김내
경 송강호 분 이 쓰디쓰게 내뱉는 말이 있다.

"인물만 봤지. 시대를 못 봤소…"

〈도움받은 책들〉

김소연(2015), 『마음사전』, 마음산책.

김학이(2023), 『감정의 역사: 루터의 신성한 공포에서 나치의 차분한 열광까지』, 푸른
역사.

김홍중(2009), 『마음의 사회학』, 문학동네.

성호철(2015), 『와(和) 일본: 응집하는 일본인의 의식구조 해부』, 나남.

이성철(2009), 『노동자계급과 문화실천』, 인간사랑.

이한섭(2022), 『일본어에서 들어온 우리말 어휘 5,800』, ㈜박이정.

유민호(2014), 『일본 내면 풍경』, 살림.

유승무, 박수호, 신종화(2021), 『마음사회학: 마음과 사회의 동행』, 한울아카데미.

이현주(2013), 『무위당 장일순의 노자 이야기』, 삼인.

齊藤希史(2018), 허지향 옮김, 『한자권의 성립』, 글항아리.

山本七平(2018), 박용민 옮김, 『공기의 연구: 일본을 조종하는 보이지 않는 힘에 대하여』,
헤이북스.

Williams, Raymond(1982), 이일환 옮김, 『이념과 문학』, 문학과지성사.

기분은 내 마음대로 되지 않는다

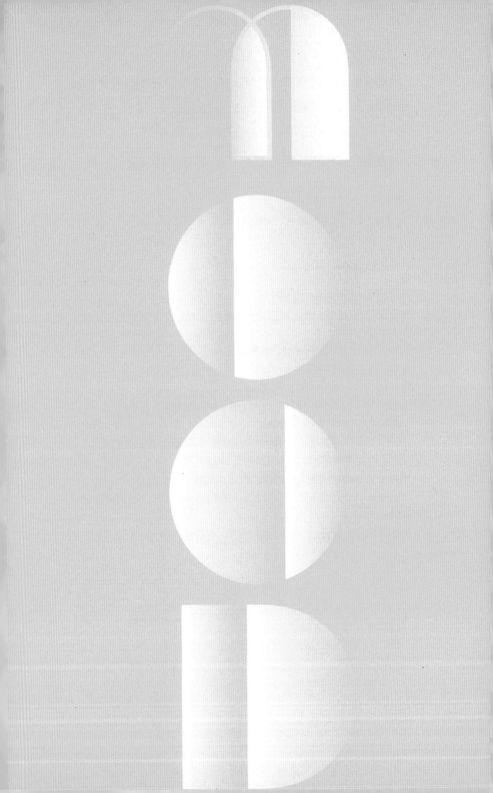

류영진

부산대학교 사회학과와 동 대학원에서 석사를 마치고 일본 후쿠오카 대학에서 경제학 박사학위를 받았다. 현재는 일본 규슈산업대학 경제학부 교수로서 재직하고 있다. 주 전공분야는 문화경제학으로 일상부터 예술에 이르기까지 다양한 문화적인 요소들이 경제에 어떻게 영향을 미치는가에 지속적인 관심을 가지고 연구활동을 이어오고 있다.

터울

일본인들의
기분이
어떠냐고요?
그건
받아들이기
나름입니다

일본인들의 '기모치 気持ち '는
우리가 아는 기모치가 아니다.

최근 일본어가 일상적 레벨에서 많이 통용되고 있다. 예전에는 제국주의 통치하에서 이식된 일본어 잔재들이 주류였다면, 지금은 문화를 통하여 전달된 일본어들이 점점 늘어가고 있는 듯하다. 낫닝겐, 이모카세 등과 같이 생활 수준에서 일류 japan wave 가 한국의 문화와 결합하여 가는 패턴들을 보면, 문화들이 만나면서 발생하는 응용력과 상상력이 가지는 힘을 새삼 느끼게 된다. 이렇듯 심심치 않게 일본어를 들을 수 있는 요즘 아마 많은 사람들이 들어본 적 있는 일본어 중 하나가 바로 '기모치'라는 말일 것이다. 아마 일본인들의 감정 표현 중에서 다양한 매체를 통하여 가장 많이 알려진 단어일 것이다. 이 말의 일본 사전적 의미는 "어떠한 물상에 접히었을 때 느끼는 마음의 상태나 마음의 존재 형태. 그리고 몸의 상태로부터 오는 쾌, 불쾌의 감정을 지칭하는 말"이라고 되어 있다. 그리고 영어 번역어로 "feeling"이라고 소개되어 있다. 언뜻 이 사전적 설명을 보면 이번 아크에서 다루는 '기분'에 가장 적합한 일본어라는 생각이 든다. 그런데 사실 일본인들의 '기분'은 이 기모치 하나로 정리될 만큼 단순하지 않다. "당연히 사람의 기분이 원래 복잡하지!" 정도의 이야기가 아니다.

단순한 예로써 일본어에는 우리말 '기분'이라는 말의 한자어 표기인 '기분 氣分'이라는 말도 함께 존재한다. 외래어 표기상 원칙에 따라 '기분'이라고 썼지만 사실 발음을 들어보면 '키분'에 더 가깝게 들린다 그런데 일본어 '기모치'와 '기분'은 그것이 드러내는 감정의 장르가 서로 다르다. 예문으로 생각해보자. 일본어에는 '우치아케루 打ち明ける'라는 말이 있다. 한국말로 바꾸면 다 털어놓다, 꺼내놓다, 숨김없이 툭 터놓다, 고백하다 등의 의미이다. 이 경우 한국어식의 조어로 상상해본다면, 우리는 기분을 터놓다. 기분을 털어놓다는 표현이 그다지 어색하지 않다. 하지만 일본어에서는 '기모치'라는 표현은 털어놓다는 표현이 가능하지만 '기분'은 저러한 표현으로 연결될 수 없다. 즉, 기모치는 우치아케루 할 수 있지만 기분은 우치아케루 할 수 없다. 언어학적인 어려운 문제는 차치하더라도 자신의 기분을 드러내는 두 가지의 용어가 존재하는 상황에서 하나는 "털어놓을 수 있고" 하나는 "털어놓을 수 없는" 것이 된다.

이번에는 우치아케루와 상반되는 의미의 '오치즈케루 落ち着

타오

ける '라는 말로 살펴보자. 사전적 의미는 안정시키다, 가라앉히다, 차분히 하다, 침착히 하다는 의미이다. 그런데 이 경우는 '기모치'도 '기분'도 모두 결합이 가능하다. 이 경우에는 두 단어 모두 차분히 시킬 수 있는 대상이다. 이렇듯 두 단어의 용례만 놓고 보더라도 일반적으로 우리들이 생각하는 기분보다는 복잡한 형태임을 알 수 있다. 일본인들이 말하는 '기모치 이이 気持ち良い '는 그저 '기분 좋다'라는 넓은 의미로만 이해할 수 없게 되는 것이다.

일본인들의 기분의 장르

하지만 기분에 대응하는 말이 '기모치'와 '기분' 뿐이라면 다행이겠지만 우리말의 기분에 대응하는 말이 일본에는 다수 존재한다. 대표적인 단어들은 다음과 같다.

"간지 感じ ", "기쇼쿠 気色 ", "고코로모치 心持ち ", "고코치 心地 ", "기미아이 気味合い ", "오모이 念い ", "오모이 思い "

어떠한가? 이외에도 일본 사전에서 일본의 기분에 해당하는 동의어, 유의어를 검색해보면 약 20여 개 단어가 더 검색된다. 물론 이 중에는 우리말의 '느낌'에 좀 더 가까운 단어도 있지만 그렇다고 해도 기분과 느낌이라는 스펙트럼에 해당하는 단어의 종류가 한국보다 훨씬 더 많아 보인다. 과연 이렇게 많은 기분들은 어떠한 층위와 범위들을 반영하는 것일까? 여기에서 는 크게 두 가지의 차원에서 생각해보면 어떨까 한다.

먼저 어떠한 기분이 들게 하는 원천을 중심에 두고 표현할 것인가? 그것을 느낀 나를 중심에 두고 표현할 것인가에 따라서 사용되는 용어에 차이가 있다. 만약 친구로 인하여 내가 기분이 나빴다면, "그 친구 때문에 기분 나빠" 나를 중심에 둔 표현 와 "그 친구 기분 나빠!" 대상, 원천을 중심에 둔 표현 라는 표현에 있어서 사용되는 기분의 종류가 달라진다. 그리고 두 번째는 기분이 들게 하는 원천이 직접 대상인가? 분위기나 환경적인 것인가? 이 두 가지의 차원에 의해서도 기분의 용어 선택은 달라진다. "그 친구에게 무시당해서 기분 나빠" 직접적 대상 , "그 친구는 사람을 무시하는 인상이라 기분 나빠" 분위기나 환경 에서 기분은 서로 다르다. 이러한 차이를 거칠게나마 도식으로 옮겨보면 다음 그림과 같다.

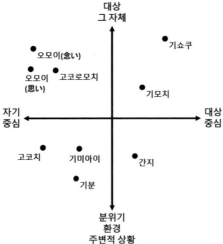

터

물론 언어라는 것이 다 그렇듯 세월에 따라서 그 용법이 변화하고 또 예외라는 것이 존재하기에 유형화라는 것이 늘 절대적이지는 않다. 하지만 일본인들이 가지고 있는 기분의 장르에 대해서는 분명 고찰할 수 있는 부분이 있다. 정확히는 기분의 장르가 용어화되어 있고 일상에서 그것들이 구별되어 마치 숨 쉬듯이 적용되고 있다는 점이다. 일본의 문헌들이 한국어로 번역될 때 이러한 부분은 역자를 애먹게 하는 부분이다.

일본인들에게 있어서 기분은 어떻게 표현되는지에 있어서 상당히 층위가 다양하다. 이것은 한국 문화 속에서의 기분의 표현과는 좀 다르다. 언어적 표현이라는 점에서 말이다. 기분이라는 것이 내 안에서 종결되는 나만의 감정이라면 그것은 추상적인 표현만으로도 충분할 수 있다. 마치 요즘 자주 들리는 "느낌적인 느낌!"이라는 말처럼 직관적인 표현만으로도 많은 것을 표현할 수 있으며, "기분이 좀 그래"라고 한마디에 대하여 이를 맥락적 의미에서 이해하고자 할 수 있다. 하지만 일본인들에게 있어서 기분이라는 것은 그 표현에 있어서 이미 특정한 범위와 방향을 반영하고 있다. 일본인들의 이러한 특성은 타인에게 자신을 드러내기 어려워하고, 드러내지 않는 것을 미덕으로 생각하는 이를 아크5호에 실린 필자의 글에서는 타테마에와 혼네라는 구조로 설명하였다 일상문화를 그 기반으로 하여 강화되어 왔다. 자신의 기분을 표현함에 있어서 오해를 불러일으키지 말아야 하며 상대의 기분을 알아 채는 데 있어서도 오해가 없도록 치밀하고 조밀하게 파악할 필요가 있었다. 기분을 표현하는 용어외 세분회는 베려와 사려 깊음을 표상하는 하나의 형식인 셈이다.

　이렇기에 일본인들의 기분은 그 문화를 공유하지 않는 이들에게는 참 어렵다. 무엇에 기분이 좋고 나쁜지의 문제가 아닌, '어떤 기분'이 좋고 나쁜지의 문제이기 때문이다. 일반적으로 우리들은 기모치라는 단어 하나에 일본인들이 가지는 기분의 복잡한 층위들을 다 때려 넣고 이해해 버린 듯 생각하지만, 애당초 기모치 자체도 여러 기분의 양태 중 하나일 뿐이기에 그러한 이해는 틀릴 가능성도 높고, 맞다고 한들 아주 표면적인 기분의 레벨로 왜곡시켜 이해한 것에 불과하다. 일본인들에게 가장 기분 좋은 말이 뭔지, 가장 기분 나쁜 말이 뭔지 물어보기 어렵다. 사실 이 질문 자체가 다양하게 존재할 수밖에 없기 때문이다. 어떤 장르의 기분인지를 먼저 물어야 하니까.

배를 서로 살피다 腹の探り合い , 공기를 읽다 空気を読む , 너무 생각했다 穿ち過ぎ

　일본인들의 기분에 대한 이해가 세분화되어 있고 복잡한 만큼, 그 문화권에서 살아가는 이들에게 있어서는 상대의 기분이 어떠한지를 구체적으로 파악하고 읽어내고 헤아리는 것은 극히 어려운 기술이며 동시에 중요한 일상생활의 스킬이기도 하다. 앞서도 설명하였듯이 일본 문화에서는 자신의 기분을 드러내는 것을 꺼려하기에 소통에 있어서 기분은 상호 간에 '타자가 파악하여 주는 것'으로서 존재하는 경우가 대부분이다. 개인 대 개인간에 서로의 기분을 파악하고자 하는 경우를 잘 나타내어 주는 말 중 하나가 '하라노 사구리아이'라는 표현이다. 우리 말로 바꿔보면 배를 서로 살핀다는 표현이 된다. 서로 간에 대화와 행위를 주고 받으며 상대가 가진 생각, 느낌, 본심 등을 파악하고 그것을 표현하는 방식을 파악하고자 하는 상호소통을 말한다. 마치 처음 보는 강아지의 턱이나 뱃살을 만져보며 이 녀석이 어디를 기분 좋아 하는지 또 나에게 어떻게 반응을 보이는지를 보는 것과 같다고 할까? 예를 들면 술자리에서 술도 권해보고 비밀이야기도 해보고 하면서 상대가 어떤 식으로 반응하는지 또 표현하는지를 지켜보는 것이라 할 수 있다. 상대에 대한 일종의 정찰 활동이자 탐정 활동이라고 할 수도 있다. 상대를 떠본다고 하면 가장 비슷한 표현일 수 있을 것이다.

하지만 상대가 개인 한 명이라면 그나마 괜찮지만, 만약 다수라면 어떨까? 즉, 어떠한 '집단적 기분'을 파악하는 경우라면 어떨까? 일본어에는 '구우키오 요무'라는 표현이 있다. 직역하면 공기를 읽다는 의미이다. 공기를 읽는다는 게 무슨 의미일까? 한국어로 가장 적절한 표현을 찾아보자면 '눈치 챙겨라', '분위기를 파악해라' 정도가 가장 유사할 것 같다. 그런데 일본에도 분위기라는 말은 또 따로 존재하니 이 공기라는 표현은 피부로 전달되는 감각까지 포함하는 더 넓은 함의를 가진다. 정말 '기분'이다! 하지만 일본에서 이 표현은 단순히 눈치를 챙겨 튀지 말고 자숙하라는 의미뿐만이 아니라, 자신의 행동과 의견의 변화까지 동반하는 훨씬 더 중층적이고 또한 압박감 있는 의미이다. 단순히 사람들이 아닌 하나의 '장 場'에 충만한 분위기, 집단적 기분을 추찰 推察 하여 자신이 무엇을 해야만 하는지, 상대가 무엇을 원하는지를 파악하고 그것을 그 자리에서 적절히 그리고 신속하게 대처해 나가는 것이 바로 공기를 읽는 것이다. 이는 일본인들로 하여금 '동조압력'을 일으키는 강력한 프로세스이기도 하다.

그러나 과유불급이라는 말도 있듯이 이러한 '하라노 사구리아이'도 '구키우키 요미'도 그것이 과했을 경우에는 탈이 나기 마련이다. 일본어에는 이를 표현하는 말도 있는데 바로 '우가치스기'라는 동사다. 가장 비슷하게 번역을 해보자면 "너무 생각했다" 정도가 될 것이다. 정확하게는 '너무 대상에 대하여 파고들어 그 본질이나 진상에서부터 멀어져 버리는 것'을 의미하는 말이다. 내 머릿속에서 움직이고 있는 사공이 너무 많은 생각의 배라고나 할까? 기분의 층위가 복잡하고 또한 잘 드러나지도 않는 만큼 그것을 파악하려는 노력이 부단히 이어지지만 그리고 파악하여 적절히 대응하는 것이 공기를 읽을 수 있는 능력이기에 결국 잘못된 파악으로 정신적으로 피로하기만 해진 허무한 상태를 잘 드러내는 표현이다.

일본어 표현에 대한 이해를 위하여 한국어와 가장 유사한 번역을 시도하긴 하였지만 사실 딱 떨어지는 의미로 번역되기란 쉽지 않다. 일본어사전을 통하여 한국 해설을 찾아보더라도 해당 표현들은 풀어서 해설되는 경우가 많다. 그만큼 같은 품사로 딱 대응되는 표현이 잘 없는 것이다. 즉, 우리들이 많은 부분 감각적이고 총괄적으로 이해하고 있는 것들에 대하여 일본 문화는 그 구조와 특징에 대응하는 용어를 가지고 있으며 이를 통하여 자신과 소통의 상황을 설명할 수 있는 것이다. 언어라는 것이 기본적으로 필요에 의하여 생성된다는 것에 동의한다면, 일본인들의 기분과 그와 관련된 동사들은 일본인들의 일상에서 기분은 그 본질에 앞서 그것의 파악과 형식이 얼마나 중요한지를 잘 보여준다고 할 수 있을 것이다.

일본의 사회적 기분의 울혈 鬱血

한국에서도 2015년 베스트셀러에 오른바 있는 기시미 이치로 岸見一郎 와 고가 후미타케 古賀史健 의 저서 『미움받을 용기 2013 』는 아들러 심리학을 전면에 내세운 자기계발서로서 일본에서 2020년 7월까지 228만 부가 팔리며 지금도 큰 인기를 끌고 있다. 이 책이 일본인들에게 울림을 줄 수 있었던 것은, 책의 중요한 축이 되는 아들러의 '목적론'이 와닿았기 때문이었으리라. 지금 당신이 우울하고, 고립형 외톨이가 되고, 스스로를 내던지고 싶은 것은 과거의 상처 트라우마 로 인한 것이 아니라, 더 상처받고 싶지 않다는 의도에 기반한다는 주장이 바로 목적론이다. 즉, 지나간 원인은 두고 앞으로 어떻게 할 것이냐에 주목하라는 것이다. 일본의 일상은 타인의 기분을 파악하고 이것을 받아들이는 것에 집중하는 경향이 강하고 동시에 자신의 기분을 잘 드러내지 않는다. 다양한 기분의 장르들이 보여주듯이 받아들이기에는 다양한 고려가 필요하고 드러내는 데에는 많은 부담이 있게 되기 때문이다. 그렇기에 그냥 미움받을 용기를 가지라는 잠언은 이러한 기분의 교환과정에 발생하는 감정적인 피로들을 매만지는 힘이 있었을 것이다.

　일본의 사회평론가이자 정신의학자인 노다 마사아키 野田正彰 는 자신의 저서『현대일본의 기분 2011 』에서 일본 사회가 점점 더 염세적인 기분이 만연하고 있다고 지적한 바 있다. 특히 대지진 이후로 거대한 사회적 기분을 어떻게 받아들이고 또 전달해야 하는지가 쉽지 않은 과제가 되어 '기분'의 울혈이 확산되고 있다고 본다. 좋지 않은 사회적인 기분은 점점 더 사회문제를 돌발적으로 만들고 실제보다 심각하게 만들고 또 복잡하게 만든다. 매년 3만 명 대의 자살과 저출산의 문제도 노다 마사아키는 기분이 좋지 않은데 어찌 개선될 수 있겠느냐 말한다. 노다는 기본적으로 일본의 다양한 기분의 양상들이 상호 부딪히기에 기분의 울혈들을 만들어 낸다고 보고 있는 듯하다.

　『미움받을 용기』도『현대일본의 기분』도 주장하는 바는 어떤 의미에서 기분의 해방이 아닐까? 지금까지 필자가 아크에서 다뤄온 일본에 대한 이야기들은 일상생활에 녹아들어 있는 형식과 프로세스에 대한 이야기를 중심으로 전개되어 왔다. 이 것들은 우리가 일본을 바라보는 이미지로서 드러나는 부분임과 동시에 그 이면에 있는 문화적 특성을 파악하기 위한 소재들이기도 하였다. 하지만 '기분'이란 의례와 포장을 걷어낸 인간의 가장 원초적인 감정의 영역이다. 그렇기에 기분은 일본의 조

타오

밀한 문화적 형식 속에서 억압된 형태로 존재하게 된다. 그리고 그러한 억압은 언제 어떠한 형태로 터져 나올지 모른다.

세계적인 자살 대국이면서 합계출산율이 0.7 수준으로 추락하였고, 다양한 혐오의 감정이 고개를 들이미는 한국은 마치 극과 극이 닮아 있는 듯 일본과 닮아 보인다. 과연 우리들도 기분의 울혈이 여기저기서 곪고 있는 것일까? 아니면 애당초 기분을 과하게 드러내고 있는 것일까? 이글을 마무리하는 필자 자신도 영 찜찜한 '기분'인 것은 이 질문에서 답을 미처 찾지 못하였기 때문이리라…

강동진

역사환경 보전에 중심을 둔 도시설계를 배웠고, 현재 경성대학교 도시공학과에 재직 중이다. 근대유산, 산업유산, 세계유산, 지역유산 등을 키워드로 하는 각종 보전방법론과 재생 방안을 연구하고 있다. 지난 20여 년 동안 영도다리, 산복도로, 캠프하야리아, 북항, 동천, 동해남부선폐선부지, 피란수도부산유산 등의 보전운동에 참여하였다. 현재 문화재청 문화재위원, 이코모스 한국위원회 이사 등으로 활동하고 있다.

'부산',
기분이 좋아짐^^[1]

들어가며

　서울에서 학창시절을 보낼 때, '부산'이란 이름은 늘 호기심과 기대감의 대상이었다. 부산에 가면 뭔가를 이룰 수 있거나 즐거운 일이 생길 것만 같은 그런 좋은 기분이 들었다. 아마 필자의 고향인 충무 지금은 통영 를 뻥튀긴 듯한 도시가 부산이었기에 그랬던 것 같다. 그러나 부산에 대한 이 같은 감정은 나뿐 아니라 분명 국민 대다수가 가진 공통의 것이라 여겨진다.

　어느 도시의 이름을 듣거나 기억을 떠올릴 때 기분이 좋아진다는 것은 그만큼 그 도시가 특별하다는 의미다. 그런 도시는 어떤 도시일까? 첫째는 그 도시의 생경한 모습이나 특징이 기대와 그리움으로 연상되는 경우다. 둘째는 밝고 경쾌한 고즈넉함이나 예스러움도 해당 그 도시만의 매력이 떠오를 때이다. 세 번째는 그 도시에서만의 특별한 경험이 기다리고 있거나 체험을 고대할 경우다. 그런데 짧은 글에서 필자의 기분을 좋아지게 하는 부산의 모든 것을 담을 순 없다. 부산의 것, 근원의 것에 집중하려 한다. 그 기분 좋음을 '부산 풍경'에 한정해 본다.

1 　본 글은 부산의 매력을 다룬 필자의 칼럼들을 재구성한 것이다.

기분이 좋을 때 보통 우리는 웃음으로 표현한다. 물론 그 웃음은 한 가지 웃음은 아니다. 정 깊은 따뜻함을 느낄 수 있는 미소 微笑 도 있고, 기대치보다 못해 허탈하게 웃는 실소 失笑 , 또 마음을 열어 놓고 '하하' 소리 내어 웃는 파안대소 破顔大笑 도 있다. 필자는 파안대소는 아니지만 미소로 부산 풍경을 자주 마주하곤 한다.

부산의 풍경이 감동스러운 것은 풍경에서 읽히는 '묘한 독특함' 때문이다. 초점은 자연환경 자체나 건축물도 있지만, 그보다는 땅의 높고 낮음과 들어가고 나감의 형상과 관련된 '땅의 어울림'이다. 부산의 땅은 파인 골과 켜를 따라 여러 갈래의 주름을 만들며, 여기에 사연 많은 삶이 보태지며 부산만의 풍경을 만들고 있다. 수천 년 동안 한결같이 흐르는 낙동강, 수려한 풍광으로 부산을 에워싸고 나누는 산과 들, 여덟 개의 천연해수욕장을 가진 삼백오 킬로미터의 해안선, 삼십여 킬로미터에 이르는 길이와 육칠십만을 품고 있는 산복도로, 용처럼 꿈틀거리고 은하수처럼 빛나는 밤 풍경, 사십여 개소가 넘는 크고 작은 항구와 포구들, 매일같이 달라지는 빛나는 일출과 황홀한 일몰, 실핏줄처럼 연결된 정 깊은 골목과 오름길들, 강인하나 정 많은 어머니들의 무대인 오래된 시장들 등이 그 주인공들이다.

부산 풍경 중 최고를 꼽아 보라면 응답자 성향에 따라 다양하게 갈리겠지만, 추정컨대 최고의 선택은 분명 '바다와 강과 연관된 풍경'이 해당될 것이다. 한마디로 정의하면 '연안 풍경'이라 할 수 있다. 부산의 연안 풍경은 우리나라 여느 도시의 것보다 더욱 섬세하다. 연안을 따라 여러 높낮이의 봉우리들이 얼개를 짜고, 그 사이사이로 강과 개울들이 바다로 흘러들고, 수백리로 이어지는 연안 곳곳에는 수려한 모습의 바다 언덕들과 이름만 들어도 고개가 끄덕여지는 유명한 모래밭들이 줄지어 있다. 이것뿐이랴. 지형이 만들어낸 골과 언덕에는 여러 이유를 가진 동네들이, 또 바다든 강이든 물과 접한 곳에는 물자와 사람들이 모여들어 만든 크고 작은 항구와 포구들이 자리 잡고 있다.

필자는 광안대교를 넘다 붉어지는 여명을 만나며, 안개가 피어오르는 송정 바닷가를 거닐며, 안창마을과 비석마을의 구불구불한 골목에서 정 깊은 부산과 마주하며, 대풍포의 수리조선소 앞에서 깡깡이 아지매를 찾으며, 왁자지껄한 부평 깡통시장에서 비빔당면을 먹으며, 이기대와 동백섬 끝자락에서 광활

물안개가 피어오르는 송정의 빛나는 아침

주름진 다대포 모래밭

한 부산 바다를 바라보며, 급한 변화 속에서 애처롭게 지탱 중
인 낙동강의 갈대숲과 주름진 모래톱을 만나며 오늘도 부산 풍
경에 감사하며 매일같이 미소를 짓는다.

부산 풍경의 오묘함은 지형에서 시작된다.

부산은 한눈에 읽히질 않는다. 도시 규모 때문이기보다는
변화무쌍한 지형 때문이라 보는 것이 타당하다. 금정산과 백양
산을 중심으로 하는 높은 지형과 불과 사오십 미터 남짓한 야산
들이 부산을 수 개의 큰 지역과 수십 개소의 지구, 그리고 수백
개소의 동네로 나누어 놓았다.

그런데 부산의 공간은 구분은 된듯하나 실제는 모두 지형으

터

지형을 따라 촘촘한 부산의 풍경 ⓒ이상욱

로 연결되어 있다. 그 중심에 '산복도로'가 있다. 일반적으로 연안과 구릉지를 따라 발달된 산 중턱의 길을 산복도로라 부르지만, 부산에서는 이 길만을 지칭하진 않는다. 한국전쟁의 아픔을 보듬고 칠십여 년의 시간 동안 주변 경사 지대에서 살고 있는 육칠여 만 부산사람들의 삶터 전체를 산복도로라 부른다.

　산복도로의 퇴락과 정체의 반복은 많은 사람들을 떠나게 했고, 또 어쩔 수 없이 타의에 의해 이주도 하게 했다. 그러나 아직도 산복도로는 떠나지 않은 못한 사람들과 함께 묵묵히 부산항을 내려다보며 제자리를 지키고 있다. 정말 고마운 일이다. 만약 그 땅이 평평하거나 다루기 쉬웠다면 어떻게 되었을까? 아마 우후죽순 같은 아파트들과 아름답지 못한 적당한 모습의 건축물이 꽉 찬 곳으로 전락했을 것이다.

부산, 기분이 좋아지는

113

2000년대에 들어 인문학의 훈풍이 불어 들며 좁고 구불구불한 골목들과 수십 개 단으로 된 딱딱한 계단 길에 대한 시선이 따뜻해지기 시작했다. "군이 버릴 필요가 없겠구나." "어! 그러고 보니 나의 어린 시절의 활동 무대였네." "그래 맞아. 이곳 때문에 지금 우리가 있는 거야." "걷다 보니 마음이 푸근해지네." "그래도 여기 사는 사람들은 너무 힘들겠다." 등등의 애정 어린 탄성과 푸념들이 쏟아져 나오기 시작했다. 그래서 산복도로 주변에 겹겹 층위를 이루며 쌓여있는 집들과 실타래처럼 엉켜 있는 길들을 버리기보다는 보듬고 감싸고 지켜주어야 할 부산의 자산으로 인식했다. 산복도로를 떳떳이 내놓기에 주저했고, 완전히 새것으로 바꾸는 것이 부산의 미래라 여겼던 우리의 생각에 작은 변화가 생겼다는 것만으로도 큰 의미가 있었다.

그러나 앞으로도 계속 산복도로를 제대로 바라볼 수 있을지는 미지수다. 근자에 들어 다시 원래의 상황으로 되돌아가고 있

이렇게 멋지게 휘돌아 드는 커를 본적이 있는가? ⓒ이상욱

다. 지형이 가진 속성과 질서를 무시한 채 깨고, 부수고, 자르고, 막고, 크고 깊게 쌓아 만드는 일을 무지막지하게 밀어 붙이던 건설 행태가 되살아나고 있는 것이다. 폭이 큰 요철을 가진 3차원 도시에 '시간'이라는 또 하나의 차원이 보태졌음에도 부산을 2차원의 도시로 착각하고 그 가치를 왜곡시켰던 지난 시절로 되돌아가고 있다.

부산 사람들은 부산의 지형을 많이 닮아있다. 필자처럼 먹고 살기 위해 흘러들어온 사람도 많지만, 특별한 사연을 가슴에 묻고 곤고하게 살아가는 사람들이 많고 아련한 기억과 추억 속에서 부산이라는 도시에 고마워하며 묵묵히 살아가는 민초들도 있다. 그래서 그런지 부산사람들은 겉으로는 거칠고 무뚝뚝해 보이지만 속으로는 가냘프고 여린 구석이 많다.

섬세하고 사연 많은 땅과 사람들이 미소를 넘어 파안대소할 수 있는 특효약은 없을까? 문득 '치유'와 '절제'라는 단어가 떠오른다. 우리 관심에서 점차 멀어지고 있는 산복도로. 역할을 다해 이리 취급받고 있다지만, 이곳은 분명 굴곡의 근대역사를 지켜온 장소이고 또 부산을 위해 희생된 곳인 점은 분명하다. 그러기에 낮은 밀도를 핑계 삼아 높은 아파트들을 수없이 세울 수 있는 투자의 땅으로만 바라볼 수는 없다.

도시는 '어울림의 미학'을 논할 수 있는 최고의 대상이다. 부산이라는 도시는 더더욱 그러하다. 어울리자면 크고 작은 것들이, 강하고 여린 것들이, 높고 낮은 것들이, 두드러진 것과 숨어 있는 것들이, 옛것과 새것들이, 그리고 닮고 비슷한 것들이 서로 어울려야 한다. 매일은 아니지만 '치유'와 '절제'가 강하게 작동하는 부산의 언덕길에서 파안대소할 수 있는 기회들을 가끔씩은 만나고 싶다.

부산의 바다 풍경은 진정으로 다채롭다.

부산의 사계절은 모두 특별하다. 그럼에도 사람들은 유독 여름이 되면 부산에 주목한다. 이유는 간단하다. '바다' 때문이다. 바다가 있음에 부산 계절의 백미는 '여름'인 것이다. 근자에 들어 부산의 바다는 여름을 넘어 사계절로 나아가고 있다. 그것은 부산 바다가 단순히 바라보거나 해수욕과 같은 일차원의 이용 대상이 아니라, 다양한 도시 활력과 결합될 수 있는 융합의 속성을 가졌기 때문이다. 만곡과 돌출을 반복하며 온갖 지역산

부산의 땅과 바다는 하나다. ⓒ싸이트플래닝

업과 공생하는 바다, 시원한 바닷바람으로 인한 청명한 날씨, 뻥 뚫린 푸른 풍경을 만나기 위해 해안가로 몰리는 발길들, 포구들과 함께 살아 약동하는 물류와 수산업, 피란과 국가 번영의 근대사를 품고 있는 부산항 등 모든 것들이 바다와 거미줄처럼 얽혀 있다. 그래서 부산의 바다는 참으로 흥미진진하고 상상력이 뛰어나다.

또 하나 더! '부산은 항구다.'라는 명제가 있다. 달리 말하면 부산의 바다에서 가장 빛나는 보석은 항구라는 것이다. 부산이 국내는 물론 국제적 경쟁력을 가질 수 있는 유일무이한 힘의 원천은 명제 속 항구에서 나온다. 항구는 항상 살아 움직인다. 바다라는 자연 자체가 매일매일 달리 변하고, 이름 모를 수많은 배들이 오가며, 여러 목적을 가진 사람들이 모여들고 또한 눈에 보이지 않는 재화가 움직이는 곳이 항구다. 이렇게 살아 움직이는 곳임에도 우린 항구를 물류시설이나 수산지원시설이 몰려있는 하드웨어로만 볼 때가 많다. 시대가 변하고 있기에 이런 고착된 발상은 과감히 버릴 필요가 있다.

항구에 대한 필자의 관심사 중 하나는 '방파제'이다. 감만 방파제, 남항 방파제, 청사포 방파제 등은 가끔씩 찾는 곳들이다. 근처에 갈 때면 일부러 그곳을 걸어본다. 우린 항구에서 늘 바다를 바라본다. 방파제에서는 항상 보는 바다가 아닌 새로운 바다를 만날 수 있다. 뭍에서 시작된 발걸음이 등대가 있는 끝점에 이르면 바로 그곳은 바다 한가운데 지점이다. 바다 위에

감만 방파제는 부산의 누워있는 에펠탑이다.

서 도시를 볼 수 있고 시점 時點 이 변화함으로 생각의 전환을 이끄는 곳이 바로 방파제다. 그곳에서 만나는 파노라마 풍경! 그것은 진정 항구도시의 매력이니 묻혀있던 감성까지 들춰내 곤 한다.

항구도시를 가장 항구답게 바라볼 수 있게 하는 방파제는 항구도시의 흥미진진한 누운 전망대다. 기장 월내의 길천 방파제부터 가덕도의 대항 방파제까지 펼쳐진 방파제들을 세어보니 33개소나 된다. 이름 없는 것들까지 합치면 40개소는 족히될 듯싶다. 그리고 보니 걸을 수 있는 영도다리나 남항대교, 수영2교 같은 교량들도 방파제를 닮은 누워있는 전망대다. 배경을 이루는 산들과 높낮이를 달리하는 오밀조밀한 집들, 역광에 내비친 반짝이는 물결과 파도 소리, 바다와 연결된 파란 하늘과 조각구름들, 그리고 방파제와 도시 사이를 연결하며 오가는 배들과 갈매기들을 보노라면 이처럼 아름다운 항구도시에 살고 있는 특혜에 감사하곤 한다. 어찌 이런 도시에서 미소 짓지 않을 수 있겠는가.

어둠 속에서 만나는 특별한 부산의 풍경

야경이 아름다운 세계 도시들은 공통점을 가진다. 모두 바닷가와 강변에 자리하고 높고 낮은 산을 배경으로 한다. 그런 도시들의 야경은 왜 아름다울까? 비밀은 자연에 있다. 밤이 되면 산과 바다는 넓게 깜깜해지고, 강은 길게 어두워져 밝은 도시의 불빛과 극명한 대조를 이루기 때문이다.

바다와 산이 까맣게 변하는 부산 밤은 정말 황홀하다. 은하수가 흐르는 듯한 부산의 밤 풍경을 맘껏 즐길 수 있는 조망점을 꼽아 본다. 황령산, 천마산, 봉래산 일대와 영도의 연안지대, 부산타워, 민락수변공원, 동백섬, 이기대 등 알려진 곳들은 물론, 산복도로, 감만시민부두, 우암동 동항성당 뒷산 등도 후보지다.

이곳들 중 한 곳만을 꼽으라면 필자는 단연 산복도로다. 방파제를 누워있는 에펠탑이라 칭했지만, 삼십 킬로미터가 넘는 산복도로는 세상에서 제일 긴 전망대라 할 수 있다. 고개를 넘을 때의 멋짐과 길을 따라간 때의 절묘함은 물론, 계단 길에 걸

터앉아 만나는 소소한 감동마저도 맘대로 느낄 수 있으니 산복도로는 마음도 움직일 수 있는 최고의 전망대다. 초량이나 중앙동에서 쭉 올라간 산복도로나 봉래산 자락의 산복도로에서 내려다보는 부산항의 모습은 정말 드라마틱하다. 깜깜한 캔버스 위로 작은 배가 그려내는 하얀 선, 불을 켜고 왕성하게 일하는 무리진 크레인들, 그리고 성냥갑을 닮은 집들과 줄지은 전봇대 불빛들이 어우러진 산복의 밤 풍경은 부산만의 낭만과 약동을 동시에 전해준다.

부산의 밤 풍경은 하늘의 색상에 따라서도 달라진다. 그래서 깜깜한 밤도 좋지만 여명이 트는 새벽녘이나 어둠이 내리기 시작하는 때가 더더욱 매력적이다. 일출과 석양을 모두 취할 수 있으니 부산은 복 받은 도시임에 틀림없다. 시대적으로 부산의 밤 문화를 바꾸어 볼 도전의 때가 된 것 같다. 원생의 자연과 지

산복도로에서 만나는 따뜻한 밤풍경

석양과 시작되는 빛나는 부산의 연안 풍경

난 삶의 여정들이 남겨놓은 부산의 특별한 전망대에서 새로운 부산의 밤 문화를 즐길 시간이 된 것이다. "부산에 밤 마실 가자."는 말이 당연한 상식이 되면 얼마나 좋을까.

또 하나 더! 저녁 배와 밤 배를 타는 일이 부산의 일상이 되어야 한다. 배는 항구도시를 즐길 수 있는 최고의 상품이다. 움직이는 배에서 전해지는 부산의 밤 풍경은 정말 다양할 것이다. 시간에 따라 태양이 전해주는 하늘의 변색은 물론, 마침 그 시간에 영도다리가 들리고 불꽃을 쏜다면 또 그 시간에 바다 위 바지선 위에서 클래식 연주회가 열린다면, 또 영화가 상영된다면…. 무한한 상상의 나래가 펼쳐질 것이다. 물론 안전해야 할 것이며, 배들이 요트의 범주를 넘어서면 더더욱 좋을 것이다. 저녁 배와 밤 배 타는 일이 여가와 관광을 넘어 일상이 부산문

매우 특별한 여명 속 부산 풍경

화로 자리 잡기를 간절히 바라는 마음이다.

　그런데 난제가 있다. 두 가지로 압축된다. 첫째는 풍경을 볼 수 있는 조망점이 어디인지 또 어떻게 그 풍경을 즐길 수 있는지에 대해 우리가 모른다는 것이다. 둘째는 조망점에서 보이는 조망 대상 풍경이 점차 본연의 색깔을 잃고 혼돈에 빠져들고 있다는 것이다. 전자의 해결은 그리 어려워 보이지 않는다. 조망점을 찾아 그곳까지 방문자들이 안전하게 가고 또 잠시 머물 수 있도록 길을 열어 주면 된다. 반면 후자는 심각해 보인다. 개발 이익을 위한 경제 논리가 우선되며 바다 가리기, 지형 무시하기, 주변 고려 안 하기 등 독불장군식의 개발이 성행하며 점차 부산의 풍경이 그 중심을 잃어가고 있다. 원래는 까만 어둠이 짙었던 바다와 강 그리고 산의 곳곳들이 점점 불빛으로 환해지며 풍경의 교란 현상이 급속도로 심해지고 있다. 재 개발이 필요 없다는 얘기이거나 부산은 무조건 건물을 낮게 짓자는 주장이 아니다. 부산 풍경의 조건에 맞는 개발을 택해야 하고, 집중과 선택이 섬세하게 고려된 부산만의 개발 시스템을 갖추자는 것이다.

　이 논제는 결국 부산이 가져야 할 '차별성' 문제로 직결된다. 부산만큼 강한 에너지를 가진 항구도시가 우리나라 어디에 있는가. 유수한 외국 항구들을 둘러봐도 부산이 가진 차별적 경쟁력은 충분해 보인다. 남과 구분되는 이 차별성을 제대로 작동시킬 수 있으면 좋겠다. '부산만의 것'을 가졌음에도 불구하고 이

은하수같이 빛나는 부산 밤 풍경

를 정확히 파악하지 못한 채, 어정쩡한 높은 아파트와 건물 짓기에만 급급하고 또 분별력을 상실한 채 아무 곳에나 짓는 행위는 스스로 부산을 파괴하는 것이며 결국 부산의 힘을 잃게 만드는 일인 것이다. 이는 부산만의 것에 대한 판단을 흐리게 하여, 부산 경제를 위해 급하게 선택한 일들이 더 큰 경제적 후광 효과를 누리지 못하게 하고 결국 '경쟁력 없음'으로 전락하게 할지 모른다.

창의적인 인문학적 발상을 부산의 밤 풍경에 입혀보자. 부산을 느끼고 바라보는 방법이 바뀌면 부산에 대한 새로운 관점들이 등장할 것이고, 나아가 미래 부산에 대한 혁신의 전환점도 생길 것이다.

오늘

나가며
영원히 기분 좋은 도시로의 지향

최근 10여 년 간 세간에 오르내리는 도시들을 떠올려 본다. 먼저 '내부 혁신'을 끊임없이 거듭하며 발전하고 있는 런던, 뉴욕, 도쿄, 암스테르담, 홍콩, 싱가포르, 베이징, 상하이, 시드니, 두바이 등. 서울도 여기에 속한다. '재생' 개념으로 쇠퇴하던 도시를 창조적으로 되살려 낸 빌바오, 함부르크, 게이츠헤드, 바르셀로나, 에센, 말뫼, 요코하마 등도 있다. 또 원래 가진 역사와 경제를 연결하며 '히스노믹스' his-nomics 를 이루어가고 있는 파리, 교토, 가나자와, 프라하, 퀘백, 쑤저우 등과 '기후변화와 에너지 절감'의 시대를 리드하고 있는 프라이부르크, 꾸리지바, 포틀랜드, 스톡홀름, 멜버른 등도 21세기에 주목받는 도시들이다.

입지조건이나 규모는 모두 다르지만, 이들의 공통점은 바로 '강한 도시'로 불린다는 것이다. 도시가 '강하다'는 평가를 받으려면 특별한 근거가 있어야 한다. 원래부터 가진 강함도 있고 새로이 창조한 강함과 시대를 잘 만나 갑자기 획득된 강함도 있을 것이다. 하지만 그 강함은 우연히 또 운 좋게 만들어지기보다는 공공과 시민들이 자기 도시에 대한 치열한 집중과 뜨거운 열정을 통한 결과이다. 반대로 강함의 조건이 충분함에도 이를 알아채지 못하거나 딴 것에 관심을 두다 강함의 가치를 스스로 잃어버리는 도시들도 있다. 이런 도시들은 결국 평범하고 경쟁력 없는 '약한 도시'로 전락할 수밖에 없을 것이다.

부산은 어떤 도시일까. 강한 도시일까. 약한 도시일까. 정확하지는 않지만 '강함을 지향하는 노력하는 도시' 정도가 아닐까 싶다. 사실 인구 규모만 놓고 볼 때 부산은 조금 애매한 부분이 있다. 오십만 명 이하 도시에 최적이라는 창조도시 규모도, 국제사회 전반에 강한 영향력을 미칠 수 있는 오백만 명 이상의 도시도 아니기 때문이다.

그럼에도 유사한 규모 삼사백만 명 를 가진 선진도시들의 면면을 고려해 볼 때, 부산도 강한 도시로의 가능성은 충분하다고 볼 수 있다. 베를린은 통일국가의 수도이자 독일 국격의 상징체로 우뚝 섰고, 쑤저우는 정원과 물을 테마로 하는 중국 최고의 역사도시이자 세계적인 관광지로 거듭나고 있으며, 요코하마는 항구 재개발과 도심 쇄신을 통해 일본 제2의 도시로 고속 성장 중에 있다. 또 호주의 멜버른은 하천 야나강 을 중심으로 철도지역과 도심을 섬세하게 융합하여 혁신적인 도심재생을 이루고 있는 모델 도시다. 모두 어정쩡한 백화점식이 아닌 나름의 '강력한 특징과 전략'을 가지고 있다. 결론적으로 다소 어정쩡한 규모의 삼사백만 급 도시들은 이것저것이 아닌 '명확한 주제'를 가져야 한다는 것이다.

'부산' 하면 해양, 영화, 물류업, 수산업, 근대역사, 컨벤션 등이 떠오른다. 그러나 그 어느 것도 국제사회에서 강력한 마케팅 파워의 영향력을 미치지 못하고 있다. 주제가 약해서가 절대 아니다. 모든 주제들이 제대로 작동하면 대박날 수 있는 아이템

터

들이다. 국내 다른 도시들이 갖지 못한 탁월한 것들이며, 국민 모두가 '부산의 것'으로 공감하는 아이템들이다. 그럼에도 부산의 실상을 보면 그리 인지되질 않는다. 왜 그럴까. 시각에 따라 다를 수 있겠지만, 모든 것을 취하려고 하는 과욕과 산만한 접근 방식 때문 아닌가 싶다.

집중과 선택을 하지 못하고 이것저것 손대다 보니 집중력이 떨어져 국제적인 인지도나 경쟁력에서 밀리고 있는 것이다. 주제는 존재하나 그 주제가 미래 부산을 열어갈 신산업이나 생활 산업으로 융합되지 못한 채 당장의 성과만을 목적으로 하는 단발의 이벤트 성격에 머물고 있기 때문이다. 어떻게 해야 하는가. 가장 중요한 것은 '부산의 강함을 끌어내고 집중할 수 있는 명확한 주제 선정'이다.

부산의 최대 강점은 '바다'라는 것은 주지의 사실이다. 그 바다를 위해 우린 무엇을 해왔는가. 여름에 즐기고, 물고기를 잡거나 배들이 다니는 통로 정도로만 여기지 않았는가. 수 십 년 전 직할시 시절의 부산 바다와 지금의 부산 바다는 과연 무엇이 변했는가. 그동안 우리는 바다를 항구도시라면 늘 있는 그런 바다로만 여겼고, 바다가 스스로 생산하는 것에만 만족해왔다. 일출과 일몰, 시원한 여름과 따뜻한 겨울을 동시에 누릴 수 있는 도시는 흔치 않다. 여덟 개 천연해수욕장과 바다와 산의 끝점이 만나는 바다언덕 壘 을 이십여 개나 가진 도시는 세상에 없다. 가덕도 연대봉에서 낙동강을 건너 구덕산을 거쳐 구봉산, 수정산, 황령산, 그리고 수영강 너머의 장산과 달음산으로 이어지는 연안지대는 어느 도시도 넘볼 수 없는 부산만의 강력한 무기다. 이 연안에서 내륙으로 뻗어 올라가는 낙동강, 동천, 수영강과 합쳐진 연안지대는 전 세계 유일의 국제성을 가진 주제 공간 차원이고, 이곳이 발하는 연안 풍경은 세계 어디에 내놓아도 밀리지 않는 가치를 가진다. 여기에 모든 것을 집중해야 한다. 연안지대와 그 언저리에서 각개전투처럼 다루고 있는 해양, 영화, 물류업, 수산업, 근대 역사, 컨벤션 등을 부산 풍경이란 대주제 아래 집중시켜 다시 엮어내야 한다.

자투리 천을 모아 조각보를 만들던 어머니의 정성어린 바느질 솜씨로 흩어지고 엉켜버린 연안 풍경을 한 땀 한 땀 다시 꿰매어 회복시키며 재창조해야 한다. 섬세하면 섬세할수록 느리면 느릴수록 좋을 것이다. 지속 가능한 치유와 절제를 통한 부산 풍경을 위한 노력은 '부산'이란 이름을 들은 이들의 마음을 동하게 할 것이고, 그들 기억 속의 부산을 되찾게 해줄 것이다. 그래서 '부산'을 부르는 곳곳마다 미소 띤 사람들이 몰려들게 할 것이다. 결국 그것은 부산이 나아갈 미래의 에너지원이 될 것이다.

부산이 지금보다 훨씬 더 기분 좋은 도시로 나아가면 좋겠다. 진정 그리되면 좋겠다.

터우

해양,

영화,

물류업,

수산업,

근대 역사,

컨벤션 등을

부산 풍경이란 대주제 아래

집중시켜

다시

엮어내야 한다.

오선영

소설가이다. 2013년 부산일보 신춘문예로 등단한 이후 꾸준히 소설을 쓰고 발표하고 있다. 소설집 『모두의 내력』 『호텔 해운대』 산문집 『나의 다정하고 씩씩한 책장』이 있다. 제10회 요산김정한창작지원금, 제22회 부산작가상을 수상했다.

타인

기분을 표현하는 법

1

책장을 펼치기 전 표지를 자세히 살펴본다. 파란 하늘에 둥둥 떠 있는 하얀 구름들, 구름 사이에 놓인 외줄 하나, 그리고 줄 위에 서서 두 팔을 벌리고 웃는 꼬마 침팬지. 세계적인 그림책 작가 앤서니 브라운의 『기분을 말해 봐!』웅진주니어, 2011, 원제: 『How do you feel?』의 표지이다. 꼬마 침팬지는 지금 어디로 가고 있는 걸까. 외줄 위에 서 있지만 눈과 입은 웃음을 머금고 있다. 마치 나를 따라오라고, 함께 가자고 손짓하는 것 같다. 호출에 응답하기 위해 첫 장을 펼쳐 본다.

기분이 어때?
음, 다 재미없어.
가끔은 세상에 나 혼자만 있는 것 같아.

눈치 빠른 독자는 짐작했겠지만 이 책은 세상이 재미없고, 혼자만 있는 것 같다고 말하는 꼬마 침팬지에게 기분을 나타내는 다양한 표현법을 알려주는 그림책이다.

내용은 단순하고 간결하다. "기분이 어때?"라는 질문에 꼬마 침팬지는 "행복할 때도 있고" "머리끝까지 화가 날 때도 있고, 혼날까 봐 걱정이 될 때도" 있으며, "하늘을 걷는 것처럼 자신만만하다가, 숨고 싶을 만큼 부끄럽기도 해."라고 답한다. 배경을 과감하게 생략한 그림은 본문의 내용과 일치한다. 하늘을 걷는 것처럼 자신만만하다는 내용에는 구름 속의 외줄을 웃으면서 걷고, 머리끝까지 화가 날 때도 있다는 글에는 두 주먹을 불끈 쥔 침팬지가 이빨을 드러내며 성난 표정을 짓는다. 문자를 모르는 아이도 그림을 통해 내용을 이해할 수 있다.

사실 동물로 의인화 했지만 주인공 침팬지는 감정과 기분을 표현하기 어려워하는, 정확히 말하면 기분과 감정을 나타내는 언어를 아직 배우지 못한 어린이를 형상화한 것이다.

갓 태어난 유아들의 의사소통법은 울음뿐이다. 배가 고프거나 부를 때, 기저귀가 축축할 때, 잠이 올 때도 아이는 운다. 아이가 언어를 통해 상징적 질서에 편입하여 의사소통을 행하기까지는 많은 시간이 필요하다. 더욱이 감정과 기분은 우유나 장난감 자동차처럼 눈으로 보고 손으로 직접 만질 수 있는 구체적인 것이 아니다. 일대일 대응하는 언어와 물질의 영역보다 이해하기 어려운 심리적이고 추상적인 그 무엇이다.

언어라는 도구를 가지게 되었지만 이를 자신의 감정과 연결시켜 이해하는 데 서툰 아이들을 위해 작가 앤서니 브라운은 침팬지를 등장시켜 친절하게 설명해 준다. 네가 지금 느끼는 감정은 바로 행복이야. 네가 이러한 상황에서 이런 기분이 들었다면 그걸 두려움이라고 하는 거야. 차근차근 말해보렴. 지금 너의 마음속에 일어난 어떤 변화들을 말야. 구체물을 잡고 만지면서 기호와 뜻의 세계를 대응시켰던 것처럼 기분과 상황을 연결하여 말할 수 있도록 도와준다.

타인

출판된 지 오래된 이 책이 지금까지 사랑받을 수 있는 배경에는 이러한 이유들이 깔려있다. 기분과 감정의 학습은 인간의 발달단계에서 습득해야 하는 주요한 영역이기 때문이다. 나의 기분과 감정을 파악하고 건강하게 표현할 수 있는 아이가 타인의 기분과 감정, 정서를 이해하고 공감할 수 있는 성인으로 성장할 수 있다.

2

다시 처음으로 돌아가 질문해 보고자 한다. 그림책『기분을 말해 봐』는 행복, 슬픔, 걱정, 사랑 등의 감정을 소개한다. 인간이 처음 알게 되는, 맞닿게 되는 기본적인 감정의 영역이다. 그런데 이러한 기분과 감정을 나타내는 언어들을 알게 되면 내 기분을 적확하게, 오해 없이 전달할 수 있는 걸까? 원활한 의사소통을 할 수 있을까?

소설 쓰기 창작 수업을 할 때 내가 꼭 하는 질문이 있다.

"여러분들이 하루에 사용하는 동사와 형용사는 몇 개인가요?"

고개를 갸우뚱하는 수강생들에게 범위를 좁혀 물어본다.

"내가 하루에 사용하는 형용사는 어떤 게 있나요?"

좋다, 나쁘다, 아름답다, 예쁘다, 행복하다, 슬프다, 더럽다, 사랑한다, 기쁘다…….

여기저기에서 답이 나온다. 열 손가락 안에 드는 형용사의 범위를 좁혀 다시 묻는다.

"그중 기분을 나타내는 형용사는 무엇인가요?"

누군가를 책망하기 위해 하는 질문이 아닌데도 수강생들은 이 지점에 고개부터 숙인다. 매번 다른 장소에서, 다른 사람들에게 해도 똑같은 반응이 나온다. 강사가 하고자 하는 말이 무엇인지 알아차렸기 때문이다.

소설은 인물과 사건, 배경을 구성요소로 한다. 특정 공간과 배경에, 낯선 인물이 서 있고, 인물에겐 특정한 사건이 벌어진다. 해결이 되는 사건이 있고 미완으로 끝나는 경우가 있다. 그리고 사건 속에 휘말린 인물의 내면과 감정이 기술된다. 서사가 진행되면서 인물의 기분과 감정도 여러 차례 바뀐다. 좋은 소설이라 칭해지는 작품은 이러한 요소들이 유기적으로 엮여서 독자를 낯선 땅으로 데려간다.

여기서 간과하면 안 되는 부분이 있다. 소설을 만드는 재료인 문자언어에 대한 인식이다. 뛰어난 상상력을 바탕으로 기상천외한 이야기를 구상해도, 그것을 독자가 읽을 수 있는 소설이라는 형식으로 빚어내는 건 다름 아닌 문자다. 작가의 머릿속에

턴

서 이루어진 폐쇄적인 아이디어를, 누구나 만날 수 있는 개방적인 세계로 바꾸어 내는 것이 문자언어이다. 그러니까 이 부분에 대한 인식과 감각이 없다면 소설 쓰기는 실패할 수밖에 없다. 기본이면서 가장 중요한 핵심이다.

소설 창작 수업에서 위의 질문을 한 이유도 이것 때문이다. 소설 속 인물이 겪는 다양한 감정과 느낌, 기분을 작가는 문자언어로 표현해야 한다. 소설은 손으로 만지고 잡을 수 있는 구체적인 세계가 아니다. 상징계의 언어를 빌려서 이뤄지는 추상의 세계이다. 그 추상의 세계에서 인물이 느끼는 모호하고 추상적인 기분을, 독자들이 납득하고 공감할 수 있게 쓰는 일이 소설쓰기이다. 그렇기 때문에 유아기에 습득한 몇 가지 감정 표현 수용언어만을 가지고 작중인물의 내면을 나타내는 데는 한계가 있다. 풍부한 어휘력을 바탕으로 다채로운 표현법을 고민해야 한다.

이러한 상황은 소설을 벗어나 실생활에도 동일하게 적용한다. 나의 감정은 '좋다, 싫다, 기쁘다, 나쁘다' 등의 두루뭉술한 단답형의 영역이 아니다. 몇 가지 형용사로 표현하기에는 정말 복잡하고 모호한 일들이 비일비재로 일어난다.

그럼에도 현대인들은 몇 가지 한정된 단어를 가지고 자신의 기분을 나타낸다. 좋다, 싫다 앞에 '진짜, 정말' 등의 부사와 '개', '좆나' 같은 비속어를 수식어처럼 사용하면서 기분의 크기와 강약을 조절한다. 그것으로 상대가 자신의 기분을 이해할 수 있을 거라며 착각한다. 타인의 기분을 이해하고 감정에 공감했디고 오해한다.

　물론 다양한 언어적 표현법과 어휘를 습득했다고 하여 기분을 적확하게 나타낼 수 있는 것은 아니다. 기분을 표현하기에 앞서 자신의 기분을 응시하는 일이 선행되어야 한다. 지금 내가 느끼는 기분이 무엇인지, 왜 이런 기분을 느끼는지 상황과 환경에 따라 달라지는 기분을 마주해야 한다. 세세한 감정의 결을 파악하고 그에 걸맞은 언어를 찾아 표현하는 일은 후자의 일일 것이다.

　문제는 기분을 들여다보는 일이 힘들고 고통스러운 일이라는 거다. 외면하고 회피하고 싶은 일이다. 바닥이 깊은 우물 속을 가만히 들여다보는 것처럼 내 감정과 마주하는 일은 많은 시간과 인내, 에너지를 필요로 한다. 그래서 바쁜 현대인들은 제한된 단어와 부사로 쉽게 기분을 말하고 표현하는 것인지도 모르겠다. 성인을 위한 『기분을 말해 봐』가 필요한 걸까? 앤서니 브라운이 살아있다면 후속편, 심화편을 쓰지 않았을까, 하는 상상을 해 본다.

3

　힘주어 말했으나 나 역시 기분과 감정을 충실하고 정확하게 표현해내는 일은 쉽지 않다. 실생활에서도, 소설을 쓰는 과정에서도 마찬가지다. 소설가의 입장에서, 인물의 감정을 표현하는 일이 잘되지 않을 때 고민이 더욱 깊어지곤 한다. 물론 이런

타인

고민은 많은 작가들이 공통적으로 겪는 어려움 중 하나다. 나만 겪는 어려움이 아니라는 것이 위안이 되곤 하지만, 그렇다고 해서 당장 글쓰기가 거침없이 이루어지는 것이 아니기에 적절한 표현 찾기는 뫼비우스의 띠처럼 반복되곤 한다. 그러다 어느 순간, 띠를 자를 수 있는 힘이 생기기도 한다. 지난한 소설 쓰기 과정을 버틸 수 있는 건 바로 이 순간들 때문이다.

나는 액정 속의 숫자를 손끝으로 하나하나 만져보았다. 양각으로 새긴 것처럼 숫자들이 오돌오돌 만져졌다. 액정의 불이 꺼지자 숫자들이 사라졌다. 그림자조차 없는 어둠 속으로 도망쳤다. 숫자와 함께 엄마의 얼굴과 팔, 다리도 어둠 속으로 사라졌다. 나는 재빨리 버튼을 눌러 스마트폰 화면을 밝혔다. 도망치는 숫자를, 엄마의 얼굴을, 팔과 다리를 내 방으로 다시 데려왔다. 오돌오돌한 숫자들을 더듬거리며 만졌다.

인용한 문장은 내가 쓴 「지진주의보」의 한 장면이다. '나'는 엄마의 장례식을 치르고 집으로 돌아온다. 어둡고 텅 빈 집에서 잠이 들었고, 엄마의 사망보험금이 들어왔다는 문자 알림 소리에 깬다. 그리고 위의 인용 부분이 이어진다.

지금 '나'의 기분은 어떨까, 무슨 심정일까. 사망보험금으로 그동안 엄마와 나를 힘들게 했던 '빚'을 갚을 수 있다. '나'는 이전보다 편안하게 살 수 있다 그렇기에 주인공은 행복할까? 기

가끔을 표현하는 법

빨까? 작가인 나는 작중인물의 심정을 슬프다, 기쁘다, 후련하다 라는 단어로 간단히 쓸 수가 없었다. 단어 여러 개를 나열한다고 해서 '나'의 기분과 심정을 진실되게 전달할 수 있는 것도 아니었다.

고민 끝에 내가 쓴 방법은 기분에 대해 말하지 않는 거였다. 주인공의 심정을 표현하는 감정 형용사를 사용하지 않음으로써, 역설적으로 기분을 전달할 수 있다고 믿었다. 인용문처럼 특정 행동을 반복하는 주인공의 모습을 외부의 시선에서 건조하게 기술했다.

특급호텔이면 5성급 호텔임이 분명한데…… 혀끝을 간질이는 초콜릿 같은 단어들을 애써 입속으로 삼켰다. 달콤한 호텔들이 초콜릿 속에 박힌 알사탕처럼 녹지 않고 남았다. 색색깔의 사탕 알갱이가 입안을 굴러다녔다. 수정은 혓바닥 위에 사탕을, 아니 호텔을 올려놓고 천천히 녹여 먹었다. 아이스 커피 속의 각얼음을 깨듯 아작아작 소리 내는 법이 없었다.

『호텔 해운대』의 주인공 수정은 생방송으로 진행되는 라디오 프로그램에 퀴즈 정답을 보내 당첨이 된다. 당첨 상품은 특급호텔 숙박권이다. 위의 인용문은 수정이 당첨 사실을 확인한 후의 들뜬 마음을 표현한 부분이다.

이때 수정의 기분은 어떨까? 기쁘고, 행복하고, 환희에 가득 차 있을 것이다. 누군가에게 자랑하고 싶고, 아마도 여기저기 소문을 내고 싶을 거다. 수정의 심정을 적확하게 표현하기 위해선 어떠한 방법이 필요할까? 심경을 대변할 수 있는 단어를 찾아볼까, 기분을 생략함으로써 기분을 나타내 볼까.

내가 선택한 방법은 주인공의 기분을 대변할 수 있는 비유와 상징을 쓰는 거였다. 5성급 호텔을 달콤한 초콜릿에 비유했다. 천천히 초콜릿을 녹여먹는 모습을 통해 수정이 지금 이 순간의 기쁨을 연장하며 지속시키고 싶어 한다는 것을 표현하려 했다. 뒷 장면에서 5성급 호텔이 위치한 곳이 제주도가 아니라 부산, 해운대라는 것을 알고 수정은 실망한다. 이때에도 역시 '실망스럽다, 화가 난다'라는 표현 대신에 "초콜릿 호텔이 염전 위의 소금이 되어 입속을 굴러다녔다. 짜고, 짜고, 짠맛. 혓바닥의 짠맛이 입천장과 잇몸, 사랑니까지 구석구석 들러붙었다."라고 썼다. 앞서 사용한 비유를 그대로 이어가면서 작중인물이 새롭게 느끼는 기분과 감정을 효과적으로 전달할 수 있다고 생각했다.

두 가지 예를 들었지만 소설을 쓰는 내내 이런 고민을 한다. 기분을 나타내는 표현을 사전에서 찾아보고, 때론 생략하며, 은유를 비롯한 다양한 수사법을 통해서 기분을 우회적으로 나타내기도 한다. 어느 것이든 기분을 온전히 표현했다고 자신할 수는 없겠지만 그러하기에 조금이라도 주인공의 마음에 가닿기 위해 노력한다. 작가의 이런 고민과 분투를 독자들이 알아주었으면 하는 바람도 가져본다.

기분은 시시각각 변한다. 단단한 돌덩이 같다가 물처럼 흘러내리며, 때론 바람처럼 흩날리기도 한다. 프리즘을 통과하는 무지개보다 더 다양한 모습을 하고 있다. 그런 기분을 잡아서 표현하는 것은 어렵다. 어려운 일이지만 실생활에서, 소설 쓰기에서 꼭 필요한 일임은 분명하다. 이 글을 읽는 지금 당신의 기분은 어떠한가, 어떻게 표현하고 싶은가. 앤서니 브라운의 그림책 제목『기분을 말해 봐』의 어법을 빌려 다시 한 번 물어 본다.

기분이 어때?
음, 다 재미없어.
가끔은 세상에
나 혼자만 있는 것 같아.

출판된 지 오래된 이 책이
지금까지 사랑받을 수 있는 배경에는
이러한 이유들이 깔려있다.
기분과 감정의 학습은
인간의 발달단계에서 습득해야 하는
주요한 영역이기 때문이다.
나의 기분과 감정을 파악하고
건강하게 표현할 수 있는 아이가
타인의 기분과 감정, 정서를 이해하고
공감할 수 있는 성인으로
성장할 수 있다.

정 훈

상지엔지니어링건축사사무소 대외협력본부 실장. 시인. 문학평론가. 평론
집으로 『사랑의 미메시스』와 『시의 역설과 비평의 진실』 시집으로 『새들반
점』이 있다. 역설을 믿으면 비로소 알게 된다. 하지만 그 앎이 또 다른 역
설 면전에 자신을 붙들어 대령하게 되니 알다가도 모를 세상이라고 생각
하면서 살아간다.

정훈

두려움과 떨림의
오블리비언oblivion[1]

2022년 10월 29일 이태원 참사가 벌어진 날 백일몽을 꿨다. 경주 마우나리조트 붕괴 사건과, 참사 1년 뒤 일어난 국립대 교수의 투신 소식[2]을 듣고 일으킨 '정신발작'의 느낌이 몸과 마음에서 거의 떨어져 나가 잠잠해질 무렵 '그것'은 내게 나타났다. 한 손은 2L 짜리 생수병을 들고, 또 다른 손은 담배를 쥔 여학생이 내게 등을 진 상태로 나와 이야기를 나누었다. 학생은 햇빛에 반사되어 내 눈을 어지럽히는 생수를 한 모금 마시고는 입을 열었다. 입술을 벌리면서 빠져나온 자음과 모음을 조합하면 아

---

1 키에르케고르 1813~1855 는 『공포와 전율』에서 신의 명령에 복종했던 아브라함의 내면을 탁월하게 분석했다. 아브라함의 결단 신이 아브라함의 아들인 이삭을 제물로 바치란 명령에 대한 복종 은 인간윤리를 '가로지르고 배반하는' 지점에서 이루어졌다. 그는 '살인자'와 '거듭난 자' 사이에서 떨렸던 존재였다. 이 글 제목은 키에르케고르의 저서에서 따왔다. 하지만 이 글은 불안과 우수의 철학자가 변증했던 기독론과는 관계없다. 나는 대학 교정에서 담배를 피우다 우연히 보았던, 어느 여학생이 걸쳤던 반질반질한 빨간 트렌치코트 깃에 반사된 빛을 응시하다 홀연히 내 곁을 떠난 두 사람을 떠올렸다. 이들의 죽음은 나에게 몸살을 안겼다. 하지만 몸살은 오래가지 않았다. 단박에 일상으로 돌아왔으므로. 그런데 지금까지도 나는 이들의 죽음을 생각할 때마다 몸살을 앓는다. 몸살의 진원을 파헤쳐 보고자 했기에, 당연히 이 글은 '소설'이 될 수밖에 없다. 오블리비언 oblivion 은 잊혀진 상태 망각 나 무의식을 뜻한다.

2 각각 2014년 2월 17일과 2015년 8월 17일에 발생했다. 세월호 참사 2014. 4. 16. 또한 언급해야 마땅하지만 내게 '스승'과 '제자'로 연을 맺었던 분들이 직접 관계된 '사건'이었기에 본문에서 거론했다.

마 이런 말이 되었을 것이다.

"제 기분이 땅에 뿌리를 박고 흔들리는 가지에 난 꽃잎처럼 갈팡질팡해요. 나를 누군가가 잡아주었으면 좋겠습니다. 안 그러면 무슨 일을 저지를지 저도 몰라요."

이 말은 2018년 5월 어느 날 수업을 마치고 교문을 나서기 전 흡연 구역에서 담배를 물었을 때 만났던 빨간 트렌치코트의 여학생이 나와 주고받은 대화의 결말이기도 했다. 여학생 어깨를 촘촘히 감싼 트렌치코트는, 마치 그를 위해 주문 제작한 것이 아닐까 하는 생각이 들 만큼 알맞았다. 이 알맞음이란 몸에 딱 맞거나 체구와 어울린다는 뜻보다는, 흡사 사람의 피부 한 층이 부풀어 올라 그대로 옷이 되었을 것이라는 느낌에 가깝다. 비스듬히 아래로 낙하하려는 어깨선 가장자리에 눈길을 주었다. 거기에는 견장처럼 불두화 이파리 하나가 붙어있었다. 땅으로 떨어질 듯 아슬아슬한 자리에서 몸을 움직일 때마다 위태로웠다. 그래서 나는 위태롭게 난간에 섰을 한 사람을 떠올리지 않을 수 없었다.

교수 얼굴이 학보에 새겨져 있었다. 2001년 11월이었다. 대학원 입학 전, 지도교수를 만나기도 전에 그 얼굴을 먼저 보았던 셈이다. 나는 얼굴을 주시했다. 중앙도서관 앞 진열대에 쌓여 있던 대학신문 한 부를 꺼내 펼치다 맨 처음 잡힌 지면이었다. 그는 웃고 있었다. 하지만 무표정한 평소 얼굴에 카메라를

탐

들이대자 하는 수 없다는 듯 경련이 일듯 얼굴 근육을 움직여 만든 표정이란 사실은 어느 누가 봐도 알 수 있었다. 그래서인지 조금은 불편한 눈으로 신문을 보는 사람을 응시했다. 카메라 각도를 한 번 더 달리해서 사진을 찍자고 제안을 한다면 금방이라도 화를 낼 것처럼, 아니 낭패감을 속일 수 없다는 신호처럼 안면이 더욱 구부러졌을 것이다. 그리곤 어느새 식은땀을 아래로 흘리면서 아마 당장 코앞에 다가온 학술지 논문이나 평론 마감일을 떠올렸을 것이다. 그러는 편이 나았다. 그로부터 14년 뒤 목련처럼 바람에 흔들리다 마침내 어찌지 못하겠다는 결심에 떠밀리듯 바닥에 떨어졌다. 하루는 점심을 먹으며 내게 말했다. 논문 유사도가 도입되었으니 참조하라는 말이었다. 나는 맞은편에서 젓가락을 집어 미나리 무침을 입으로 가져가며 골몰히 사념에 빠진 듯한 한 남자의 이마를 훔쳐보았다.

"왜 절망이 죽음을 부르는 병이라는 거죠?"

불두화를 어깨에 매단 빨간 트렌치코트는 마개를 돌려 생수를 한 모금 마신 뒤 새삼 궁금해 죽겠다는 표정으로 물었다.

"절망은 가능성을 스스로 차단한 상태기에 삶을 지속하는 의미가 없기 때문이지 않을까요. 그런 뜻으로 키에르케고르가 죽음을 말했던 것 같은데. 아마 시인은 육체적인 죽음이 아니라 박탈당한 존재외미의 뜻으로 **죽음을** 밀한 게 아닐까…"

　그러자 2013년 가을, 우중충한 잿빛 하늘에서 얼비친 햇빛
이 교실 창을 통과해 도둑 떼처럼 몰려와 공기 속으로 산란하듯
무겁게 가라앉은 날 한 여학생이 자신의 희망을 발표하던 때가
생각났다. 공기를 비집고 들어온 침울한 빛들이 학생을 포위하
였고, 나는 겨우 졸음을 참으며 공기 속으로 전파되는 절망어린
속삭임을 들었다. 희망을 말하는 절망이었다. 그때 우리 모두는
절망의 천장 안으로 들려 빨려 올라가고만 싶었다. 나도 그랬
고 학생들도 그랬다. 모두 함께 손을 맞잡고 구령에 맞춰 절망
의 심연에 뛰어들고만 싶었다. 우리 사회가 만들어내는 온갖 제
도며 관습이며 풍속이며 화법들에 잠식당한 채 희망을 노래한
들, 결국 그것은 절망의 입술을 손으로 일그러뜨려 입꼬리를 올
리는 행위에 지나지 않았다. 그러니까 우리는 실은 다 알고 있
으면서 짐짓 모른 체했던 것이었다. 희망이라니, 얼마나 유치한
낱말인가. 거기에 대면 절망은 신사다. 절망은 아무한테도 손짓
을 하지 않지만 스스로 다가서게 만드는 힘이 있다. 이게 절망
의 매력이다. 하지만 그렇다고 해서, 여학생이 다음 해 무너진
천장에 짓눌려 신음했을 때라도 절망이 건넨 악수에 응했을까.
아마 그때야말로 여학생은 온몸과 마음에 남아있는 기운을 빌
어 절망을 밀어내려 안간힘을 썼을 것이다. 절망을 게워낸 자리
에 들어선 건 희망이 아니라 오랜 휴식이었다.

타인

휴식은 시작과 끝이 있다. 하지만 아무도 시작과 끝을 모른다. 왜냐하면 휴식이야말로 강제성을 띠기 때문이다. 그것은 자발성을 지워낸다. 의지가 박탈당한 상태가 바로 휴식이다. 휴식의 문고리를 돌리고 들어서면 거기엔 평안함이나 안락함이 아니라 온갖 형태의 공허들이 우글거리고 있음을 알 수 있다. 그 공허야말로 생명을 이어주는 에너지요 힘이다. 그러므로 휴식은 그로테스크한 삶의 근거일 뿐 약동하는 삶의 매개가 되지는 않는다. 나는 등을 진 상태로 공허하면서 창백한 얼굴로 내게 얼굴을 돌리려는 여학생의 코트 앞섶에 눈을 맞추었다. 아름다운 선이 옷자락을 놀빛 가득 머금은 산등성이 숲을 감싸 안아 숨기듯 매듭지었다. 그러니까 코트 자락이 이루는 선에 흠집을 내는 일은, 용암이 불현듯 나무들의 뿌리를 밀쳐내면서 산등성을 어지럽히며 흩뜨리는 것처럼 불경한 일임에 틀림이 없다. 그럴 바에야 차라리 어깨부터 가지런히 산들거리는 옷자락을 쓸며 내려오다 손을 매만지는 게 낫다. 하지만 나는 그럴 엄두가 나지 않았다. 마치 발바닥이 지면에 달라붙은 것처럼 온몸이 옴짝달싹할 수 없었기 때문이다. 아니면 코트에서 나오는 듯한 뭐라 형용할 수 없는 기운에 압도당했기 때문일지도.

그러니까 그는 죽음이 일상의 표면을 매만지듯 나를 천천히 쓸었다. 창백한 얼굴은 아직 정면에 자리 잡지 않았고 측면만 허락했다. 아지랑이가 혼연하면서도 농담 濃淡 짙은 공기 사이사이를 뱀처럼 넘실거렸다. 울분과 무료한, 그리고 끼닭 모를 웃음과 뜻 없는 발화 따위로 시간을 흘려보내고만 있었던 나는 한 사람의 의지나 욕망과 여러 사람의 의지나 욕망의 무게를 저울질했던 때를 어느 날 떠올렸다. 이와 함께 한 사람의 죽음과 여러 사람의 죽음이 내는 무게도 저울질했던 사실도 기억했다. 숫자가 많을수록 무게가 나간다고는 하지만 그것은 엄연히 물리적인 질량이 주는 이미지 때문에 생긴 오해였다. 교수의 투신과 예기치 않은 참사로 희생당한 사람들의 의미는 서로 비교해서는 안 된다. 늙고 병들어 쇠약해진 몸과 정신을 붙들고 있다 마침내 숨이 멎은 사람과 전쟁터에서 싸우다 목숨을 잃은 사람을 비교할 수 없는 이치와도 같다. 나는 도무지 알 도리가 없었다. 지금도 그렇다. '애도'가 손쉽게 마련한 무대는 누구라도 드나들 수 있도록 앞문을 활짝 열어놓는다. 평소에는 제각각의 이념과 사상이나 가치관을 지닌 채로 살아가지만 애도가 마련한 무대 위로 올라갈 때면 똑같은 빛깔의 가면으로 변장하는 데 익숙하다.

눈물은 감염체를 지녀서 곧잘 사람들 사이로 번지기 십상이다. 울면서 지나가는 사람을 보게 되면 집으로 돌아가서 그 울음의 속내가 무엇이었는지, 왜 울면서 길거리를 지났는지 생각하게 된다. 한 사람이 고개를 숙여 묵념을 올리면 일동도 마찬가지로 고개를 숙여 묵념을 올린다. 한 사람이 구호를 외치며 주먹을 뻗으면 나머지도 주먹을 들어 휘두르면서 정렬한다. 모든 사람이 분노할 때만큼 위험한 사태도 없다. 이는 집단적으로 차이를 소멸시켜 또 다른 희생양을 만들어내기 때문이다.[3] 나는 스스로 애도하는 자라 믿었다. 그러나 모두가 흘러가는 물결에서 빠져나와 샛길로 빠지거나 원래 왔던 자리로 되돌리려 했다. 애도가 불러일으키는 감염의 흐름에서 나는 나를 젖히고 싶었다. 왜냐하면 애도 행위 동참 여부와 상관없이 땅 위를 적시는 분노의 물기에 젖지 않아야만, 그 사태의 진상을 들여다 볼 수 있기 때문이다. 죽음은 바로 자신의 문제로 인식해야지만 정직하게 마주할 수 있다.

단독자로서 사회적인 참사를 마주할 용기가 내겐 없었다. 무리지어 규탄을 하거나 촛불을 들며 시민들과 행동을 함께 하거나 서명을 하는 그런 '용기'를 말하는 게 아니다. 두려움과 전율에 휩싸이면서도, 모든 사람들이 한 곳으로 흐를 때 뒤돌아서서 왔던 지점으로 되돌리려는 용기와 의지가 내겐 없었던 것이다. 2018년 5월, 빨간 트렌치코트는 내게 읽을 만한 책을 요청했다. 담배를 비벼 끄면서 생수를 한 모금 마신 뒤였다. 방학 때는 여행을 해 볼 요량이라고도 했다. 어찌 되었건 여행은 좋은 결심이라고 답했던 기억이 난다. 그런 다음 국밥집에서 함께 소주를 마셨다. 집으로 걸어가는 코트 뒷모습이 쾌활하면서도 우수에 어려 보였다. 마지막 만남이었다. 사람들이 각양각색의 모

---

3   이 문장으로 르네 지라르 1923~2015, 프랑스 철학자 의 미메시스론을 압축했다. 그렇다고 해서 지라르를 찾아 들춰볼 필요는 없다. 보통 이런 경우는 자발적인 의지로부터 촉발한 때라야만 가능한 행위이기 때문이다.

양으로 축제를 즐기던 이태원에서 촉발된 세계적인 참화 소식을 듣던 날, 나는 까닭 모를 몸살을 앓으며 방바닥에 널브러져 있었다. 트렌치코트에게 내보인 기성세대로서 절망과 불안, 그리고 정처 없는 내일에 대한 '희망' 따위는 그 뒤로도 나를 괴롭힌 화두였다. 아울러 솔직함을 가장한 허위의식이 얼마나 불안하고 위험한 것인지 깨달았다. 코트는 적어도 자신을 속이지 않았다. 그랬다고 믿었다.

"그동안 어떻게 지냈니."
나는 불두화를 매달았던 소녀를 불렀다.

"이것저것 하고 싶은 대로 놀았죠. 학교도 그만뒀어요. 전에 그랬잖아요. 이것이냐 저것이냐[4], 그런 판단 앞에 우리는 언젠가 서게 될 거라고요. 절망 끝에 다다랐다고 믿었고, 저는 몸을 띄웠어요. 이곳도 살만합니다. 다만 저같은 사람들이 너무 많은 게 문제네요. 아직도 그대로시군요. 스스로 심미주의자라 믿고 싶으시겠지만 내가 볼 땐 영락없는 염세주의자입니다. 반가워요, 선생님."

지칠대로 지치고 창백해질 대로 창백해진 얼굴이 드디어 나를 바라보았다. 나는 그 자리에서 얼어붙고 말았다. 그리곤 예

---

4 키에르케고르 저서명

전에 빨간 트렌치코트가 앞장서며 교정을 나설 때 번졌던 프로
콜 하럼의 'A White shade of pale'이 귓속을 간지럽히며 내 몸
을 뉘였다. 그날은 오전부터 비가 내렸다. 그러다 11시 50분 무
렵부터 개기 시작한 하늘에서 태양이 온 세상을 향해 사금파리
같은 빛살들을 선사하기 시작했다. 마치 하늘 문이 열리는 것
처럼, 질퍽거리는 땅 군데군데 고여있는 빗물 표면이 맑은 호수
되어 어떤 비밀을 깊게 숨기고 있었다. 먼지가 씻긴 쌀쌀한 공
기와 하늘이 건넨 따뜻한 빛이 섞이면서 내 얼굴을 감쌌던 날이
었다. 그런 기억에 생각이 미치자 이윽고 나는 천천히 바닥으로
흡수되는 양 아래에서 내 몸을 잡아당기는 환영에 시달리며 깨
어났다. 이태원 참사가 벌어진 오전 무렵이었다. 한동안 바닥에
엎드려 생각의 고리를 더듬었다. 소녀를 만났고 이야기를 나누
었다. 예전에 보았던 학생이었다. 코트와 청바지를 입고 운동화
를 신었던 학생은 자주 결석을 했다. 어쩌다 만나면 내게 그 나
이에 어울리지 않는 실존주의의 심부에까지 나를 끌고 들어가
서 놀래키곤 했다. 그러면서도 유달리 내면을 되짚어 분석하기
를 즐겨했다. 나는 스스로 안다고 생각했지만 실은 하나도 모
르고 있었다. 바로 삶의 방향이었다. 그 자그만 아이, 슬픈 눈을
한 여자, 솔직하면서도 배려가 깊었던 대학생, 몸을 휘감았던
트렌치코트가 참으로 아름다웠던 그는 언젠가 딱 한 번 내게 이
렇게 물은 적이 있다.

"세상이, 이 세상이 조금 우습지 않나요?"

조봉권

1970년 8월 15일 경남 진해에서 태어났는데, 일곱 살 때 부산 와서 줄곧 부산 원도심에서 살고 있다. 부산대에서 사회복지학을 전공하는 행운을 누렸다. 남을 도우려 애쓰고 우리 사회를 생각하면서 자기를 돌아보는 학문이 사회복지학이었다. 그러나 성적은 나빴다. 부산대 영어신문사 편집국장과 간사를 지냈다. 1995년 국제신문에 입사해 2022년 현재 28년 차 기자다. 등산·여행·레저 담당 기자로 뛴 2년 3개월이 가장 행복했다. 그때 '신근교산'이라는 책을 냈다. 문화부 기자, 문화부장, 문화전문기자 등 문화·예술 부문 취재를 17년 이상 했다. 선임기자, 편집부국장을 지냈다. 현재는 국제신문 부국장 겸 문화라이프부장으로 있다. 부산대 예술문화와 영상매체 협동과정 대학원 미학 석사 과정에서 공부했으나 학위는 못 받았다. 제1회 효원 언론인상, 한글학회부산지회 공로상, 라이온스봉사대상 언론 부문상을 받았다. 현재 인문 무크지 『아크』 편집위원이다.

평정심, 평정심…
봉권아, 평정심…

#1

여기는 부산도시철도 1호선 부산역이다. 전동차 문이 푸슉 열린다. 열린 문 사이로 피아노 음악이 살푸시 차량 안으로 들어선다. '기분'이 좋아진다. 언제나 그렇다. 지쳤을 때도 그렇고, 즐거울 때도 그렇다. 부산교통공사가 한 일 가운데 이 곡을 부산역 역사에 흐르는 음악으로 선곡한 건 특별히 더 고맙다.

그 곡은 뉴에이지 피아니스트 전수연의 'Smile Smile Smile'이다. 사뿐사뿐 곱게 퍼지는 이 음악의 선율은 정말로 봉팔 씨에게 큰 위로가 된다. 음악이 무엇이기에 사람 기분을 이토록 토닥여 주나.

몇 년 전 봉팔 씨는 남포동 음반 가게 'I Love Music'에 평소처럼 CD와 영화 DVD를 사러 들렀다. 여기선 중고 영화 DVD를 석 장 만 원에 팔았는데, 여기서 산 DVD로 구로사와 아키라,

꽃비 내리는 술
전 수 연

오즈 야스지로, 나루세 미키오의 영화를 뗐다. 아마 미조구치 겐지도 포함됐을 것이다. 그때 우연히 전수연 CD를 샀는데, 그 인연이 이렇게 소중해질지 몰랐다. 봉팔 씨는 한동안 피아니스트 전수연을 인터뷰하

러 가야겠다고 마음먹고 오랫동안 때를 노렸다. 그러나 아직 꿈을 이루지는 못했다.

렌카 앨범표지

전수연의 음악 가운데 깊이 좋아하기로는 '바다가 들려준 할아버지의 첫사랑' '오르골의 밤'도 있고 떠올려 보면 더 많은데 희한하게도 'Smile Smile Smile'을 들을 때면 '음악이 무엇이기에 사람 기분을 이토록 토닥여 주나?' 하는 생각이 언제나 든다.

달마다 8,500원을 내고 네이버의 음원 스트리밍 서비스인 Vibe를 이용하게 되면서는 가수 렌카 Lenka 와 백아를 만났다. 이랑의 '늑대가 나타났다'와 '임진강'을 듣다가 백아의 노래 '우주선' '내가 사랑을 했던가 이별을 했던가'로 흘러 들어갔고, 백아를 듣다가 렌카 Lenka 를 만나 'The Show'와 'Dangerous and Sweet'을 들었다. 행복했다. 기분이 좋았다.

#2

전화벨이 울렸다. 밤 10시다. 그분이다. 받을까 피할까. 받자. 받았다. 첨엔 괜찮았다. 주제가 다른 쪽으로 옮겨갔다. 봉팔 씨는 듣는 쪽이었다. 왠지 살짝 불길했다. 나쁜 예감은 틀린 적

터읗

이 없다. 애초 이분이 험한 말을 하려고 전화하신 건 아니고, 단단히 따져야 할 건 따져두자는 마음이었다가 이야기하다 보니 열이 올라 이렇게 된 게 아닐까 하고 봉팔 씨는 잠깐 짐작했다. 듣다가 봉팔 씨는 나도 우리 어머니의 소중한 자식인데, 이렇게까지…하는 생각도 살짝 했던 것 같다. 뭐, 심각하게는 아니고.

그때 '표현이나 어법'을 기억해 내서 이 글에 옮겨놓을까 하다가 봉팔 씨는 그렇게 하지 않기로 한다. 그분 관점에서 볼 때, 대화의 한쪽 당사자가 당시 상황을 누구나 볼 수 있는 지면에 기록한다는 게 불공정할 수 있겠다 싶기 때문이다.

다만, 그날 대화에서 그분이 모르면 누구한테 물어보고 좀 배우라고, OOO 같은 분도 있지 않냐고 한 것에는 기분이 나쁘다. 모멸감을 느꼈다. 봉팔 씨는 바로 그 OOO 같은 분을 경멸하기 때문이다. 예를 들어도 하필….

일은 잘 마무리됐다. 비록 100% 봉팔 씨 잘못은 아니었다고 해도, 봉팔 씨는 그분께 진심으로 미안했기 때문이다. 상대의 철학·이력·지향을 살피면, 충분히 그렇게 화낼 수 있다. 봉팔 씨는 진정으로 사과하고 그런 일이 되풀이되지 않도록 다짐했다. 평정심을 유지했다. 그분도 마찬가지였다. 다시 연락해 와서는 그때의 상황과 기분을 간추리며 미안한 마음을 전했다. 소나기는 지나갔다.

#3

1970년생인 봉팔 씨가 오십 줄에 들어선 뒤에야 비로소 실감한 힘이 있다. 평정심의 힘이다. 평정심 이야기는 넘치도록 많이 들어왔다. 그러나 그건 일종의 이론상 개념이었다. 머리로 생각하는 평정심이었다. 평정심을 몸속에 장착하고 일상생활에서 부려 쓰는 '평정심 실용주의'나 '내 안에 깃든 평정심'까지 나아갈 수 있다는 건 꿈도 안 꿨다. 평정심이 좋다는 건 알겠는데 그건 어디까지나 남 얘기였지 내 건 아니었다.

지금도 평정심 실용주의는 저기 멀찍이 있는, 가닿기 힘든 경지이지만 어? 평정심 실용주의? 내 안에 깃든 평정심? 이런 게 될 수도 있겠네, 이걸 잘 수련하면 인생의 승률을 확 끌어올리지는 못해도 패배율은 확실히 낮출 수 있겠는 걸 하는 생각에는 이르게 됐다.

정불식이라는 장군이 있었다. 중국 한나라 무제 때 장수다. 그의 군대는 불패였다. 983쪽짜리 손자병법 주해서인 '온전하게 통하는 손자병법' 온통손자병법·화산 지음·뿌리와이파리 펴냄 에서, 중국의 뛰어난 손자병법 해설가인 저자 화산이 쓴 대목을 참고해 보자.

"왜 그럴까? 정불식은 아마 전쟁을 하지 않았을 것이다. 왜 전

쟁을 하지 않았을까? 적이 감히 공격하지 못하니 전쟁을 할 일이 없었다. 정불식이 당신을 이기지 못할 수도 있다. 그러나 단정컨대 당신은 결코 정불식을 이길 수 없다."

"정불식은 왜 불패인가? 그는 너무나 신중하고 진지했기 때문이다."

"이런 식으로 군대를 지휘했기에 흉노는 정불식의 군대를 감히 건드리지 못했다. 그렇다고 정불식이 출전하여 중대한 승리를 거둔 적도 없다. 정불식 휘하 장병들은 쉴 수가 없었다. 대단히 긴장되고 힘들게 근무했기 때문이다."

요컨대 정불식의 군대는 철저히, 혹독하리만치 기본에 충실했고, 해야 할 훈련을 집요하게 소화했으며, 복무수칙을 잘 지킨 데다, 경계를 삼엄하게 섰다. 장병들이 힘든 군대였다. '싸움의 도사들'인 흉노가 봐도 도무지 빈틈이 없었다. 그러니 싸움 자체를 걸어오지 않았다. 아마 야심 높은 휘하 장수나 병사들은 답답했을 것이다. 이건 뭐, 공을 세울 기회가 안 온다. 그렇지만 정불식의 군대는 지지도 않았고 임무를 완수하지 못한 적도 없다.

같은 시대에 이광이라는 장군이 있었다. 다시 '온통 손자병법'을 참고해 보자.

"이광은 그 반대였다. 단계별 지휘 시스템이고 뭐고 없었다.…이광이 출전하면 대승 아니면 대패였다. 심지어 이광은 적에게 생포되기도 했다. 하지만 다친 척 누워 있다가 기회를 엿봐 재빨리 일어나 준마를 빼앗아 타고 아주 멋들어지게 탈출에 성공했다. 사형 판결을 받았지만. 거액의 벌금을 내고 풀려나 평민이 되었다. 그 뒤로 다시 기용되었지만, 흉노를 정벌할 때 길을 잃어 공을 세울 수 없었다. 이에 문책되었는데 다시 옥리 獄吏 와 대면한다는 것이 수치스러워 자결로 인생을 마감했다."

#4

　　정불식의 길을 택할지 이광의 방식을 좋아할지는 모두의 자유다. 봉팔 씨가 이쯤에서 빠져든 생각은 이거다. "정불식은 평정심을 유지하려고 얼마나 피나게 노력했을까." 장정 셋만 모여도 그중 적어도 한 놈은 사고를 치게 돼 있다. 몇만 명이나 되는 젊은 남자들 그것도 군인을 모아놓고 군대를 장기간 정불식처럼 운영하기란 정말 어렵지 않겠는가.

　　'손자병법'과 '한비자'를 읽은 뒤 '노자'로 넘어갔을 때, 노자의 원리가 병법 兵法 의 원리와 통하며 실제로 노자의 사상은 병법으로 구현됐다는 설명을 접하고 봉팔 씨는 정말로 깜짝 놀랐다. 상선약수 上善若水 대교약졸 大巧若拙 같은, 노자의 '도덕경' 속 원리가 병법과 이어진다고? 반 발짝 더 들어가 보니 그건 어김없이 맞는 말이었다.

현대 사회 직장 생활과 비슷하게, 중국 춘추전국시대는 여러 방면에 다종다양한 적과 우방이 뒤섞여 있었다. 그런 상황에서는 쳐들어오는 적 하나를 용맹하게 무찔렀다고 해도 효과가 별로 안 클 때가 많았다. 다른 적이 어디서 또 뛰쳐나올지 알 수 없기 때문이다.

현대 사회 직장인인 당신의 환경도 그럴 것이다. 멋진 프로젝트를 하나 공들여 성공시켜서 기분 좋게 술 마시고 집에 차 몰고 가다 음주운전 사고 내서 감옥 간다.

이런 상태를 제어하려면, 적 속에 우방이 있고 우방 속에 적이 있으며 적을 어떻게 우방으로 돌릴지 우방을 어떻게 적으로 돌리지 않을지 다차원 게임을 해야 한다. 그러자면 평정심 平靜心 이 꼭 필요하다. 좀 지나치게 압축하는 감은 있지만, '손자병법'과 '한비자'가 일관되게 강조하는 덕목에 평정심이 있다. 그 뿌리는 노자에 있다고 봉팔 씨는 이제 확신한다.

물론, 여기서 평정심이란 꾸역꾸역 참는 마음을 뜻하지 않는다. 인류의 기록 가운데 '평정한 마음'을 가장 잘 보여주는 사례 가운데 하나가 이순신 장군의 '난중일기'이다.

그런데 '난중일기'에서 이순신 장군이 보여주는 평정심은 꾸역꾸역 참고 말을 아끼는 태도와는 아예 다르다.

"10일 기해 맑음. 새벽에 열과 변존서를 보낼 일로 앉아서 날이 새기를 기다렸다. 일찍 아침식사를 히였는데 정을 스

이순신-국보_제76호_이순신_난중일기_및_서간첩_임진장초
(2014년_국보_동산_앱사진)

스로 억누르지 못하고 통곡하며 떠나보냈다. 내가 무슨 죄
를 지었기에 이 지경에 이르렀는가."

장군은 작별을 준비하며 새벽 일찍 일어나 기다리다가 함께
밥을 먹었는데 '정을 억누르지 못하고 통곡'한다. 통곡이라….

"14일 신미 맑음. …저녁에 어떤 사람이 천안에서 와서 집
안 편지를 전하는데, 봉함을 뜯기도 전에 뼈와 살이 먼저 떨
리고 마음이 긴장되고 조급했다. 대충 겉봉을 뜯고 열이 쓴

글씨를 보니, 겉면에 '통곡 慟哭' 두 글자가 씌어 있어 아들 면이 전사했음을 알고, 나도 모르게 간담이 떨어져 목 놓아 통곡하였다. 하늘이 어찌 이다지도 어질지 못하신고. 간담이 타고 찢어지는 듯하다. 내가 죽고 네가 사는 것이 떳떳한 이치이거늘 네가 죽고 내가 살았으니, 어찌하여 이치에 어긋났단 말인가, 천지가 캄캄하고 해조차도 빛이 변했구나. 슬프다, 내 아들아! 나를 버리고 어디로 갔느냐? 남달리 영특하여 하늘이 이 세상에 머물러 두지 않은 것이냐. 내가 지은 죄 때문에 화가 네 몸에 미친 것이냐. 내 이제 세상에 살아 있은들 누구에게 의지할 것인가. 너를 따라 같이 죽어 지하에서 같이 지내고 같이 울고 싶건만 네 형, 네 누이, 네 어미가 의지할 곳 없으니, 아직은 참고 연명이야 한다마는 내마음은 죽고 형상만 남은 채 울부짖을 따름이다. 하룻밤 지내기가 한 해를 지내는 것 같구나. 이날 밤 10시경에 비가 내렸다."

'난중일기'에서 이 대목은 가장 뜨겁고 슬프다. 봉함을 뜯기도 전에 뼈와 살이 먼저 떨리고 마음이 긴장되고 조급해지는 상태를 당신은 잘 알 것이다. 평정심은 꾸역꾸역 머뭇머뭇 자기마음을 표현하지 못하는 상태가 아니다. 그것은 그러고도 그날 일기 끝에 '이날 밤 10시경에 비가 내렸다'고 기어코 쓰는 그 마음 근처 어딘가에 있을 터이다.

#5

여기까지 왔다. 이 글을 쓰려고 봉팔 씨는 석 달 넘게 '기분'
이라는 낱말을 곁에 끼고 살았다. 평생 처음 한 경험이었다.

그러는 사이 부산국제영화제 BIFF 에 예기치 못한 일이 터져
봉팔 씨가 이끄는 신문사의 문화부는 이 사태와 관련한, 긴장도
가 극도로 높은 기사를 날마다 출고해야 했다. 의사결정을 하고
반론과 비판을 받아내는 일은 지옥처럼 힘겨웠다. 기분은 바닥
으로 꺼져갔다.

그 와중에 봉팔 씨가 사는 집에 문제가 생겨 가슴 철렁한 순
간을 맞았는데, 봉팔 씨 어머니의 전광석화 같은 대처, 대범한
전략, 기민한 대응으로 이 난관은 오히려 좋은 일로 전환됐다.
그날 새벽, 모든 일을 끝내놓고 곤히 잠든 어머니가 옆방에서
도로롱 코를 골며 단잠에 든 기척을 느낀 봉팔 씨는 생각했다.
"저기 거인이 주무시는구나." 기분이 좋았다.

석 달 넘게 '기분'을 품고 산 봉팔 씨는 비로소 깨우친다. 기
분은 우리 삶에 정말로 중요하다. 온갖 테크놀로지와 편의 수

타인

단이 발달한 현대 사회에서 기분이 삶과 죽음, 패가망신과 영웅 탄생, 희열과 절망을 결정해 버리는 사례는 점점 는다. 기분 나빠 술 먹고 인터넷에 글 한 줄 잘못 올리면, 당신은 매장된다. 당신이 원래 어떤 사람인지는 별로 중요치 않다.

그런데 우리는 '기분' 그 자체에 관해 사유하거나 궁리하거나 공부하라는 권유를 별로 받지 못한 채 이 사회에 내던져졌다.

틱낫한 스님이 쓴 화 anger 에 관한 어린이 그림책을 본 기억이 봉팔 씨 뇌리에 떠올랐다.

"화가 났니? 왜 그랬을까? 그러면 그 '화 anger '를 데려와서 함께 이야기해 보렴. 너는 왜 내게 왔는지? 너는 누구인지? 나와 친구가 될 수는 없는지? 물어보렴. 화 anger 와 함께 놀아보렴."

아주 오래 전, 이 그림책을 보며 봉팔 씨는 실제로 따라 해보았다.

그랬더니 화 anger 의 표정은 한결 편안해져 있었다. 가라앉았다. 이 의견이 맞다 틀리다 토론하자는 건 아니다. 하물며 화 anger 도 이렇거늘, 기분에 관해 왜 사색하고 공부하며 친구가 될 수 없단 말인가? 사랑이 그토록 중요하다면서, 정작 사랑 그 자체에 관해 공부하거나 사유하는 법을 배우지 않은 채 사회에 나와 버리는 우리 모습을 봉팔 씨는 되새겼다.

#6

이 글을 쓰고 나면 봉팔 씨는 또 언론 현장 속으로 뛰어들어야 한다. '기분'이라는 낱말과 석 달 정도를 함께 살았던 봉팔 씨는 이제 가슴 속에 들어와 있는 어머니의 가르침을 웬만해선 놓치지 않겠다고 다짐한다. 그 가르침은 이런 것이다.

평정심, 평정심… 봉권아, 평정심.
그럼, 그 다음엔 뭐가 오냐고?
가수 렌카 Lenka 가 'The Show'에서 이렇게 노래했다.
Enjoy the show!

온갖 테크놀로지와

편의 수단이 발달한 현대 사회에서

기분이 삶과 죽음, 패가망신과 영웅 탄생,

희열과 절망을 결정해 버리는 사례는 점점 는다.

기분 나빠 술 먹고

인터넷에 글 한 줄 잘못 올리면,

당신은 매장된다.

당신이 원래 어떤 사람인지는

별로 중요치 않다.

그런데 우리는 '기분' 그 자체에 관해

사유하거나 궁리하거나

공부하라는 권유를 별로 받지 못한 채

이 사회에 내던져졌다.

조광수

국립대만대학에서 공부했다. 『유가의 군주역할론』으로 정치학 박사 학위를 받았다. 영산대학교 중국학과 교수, 한국 아나키즘학회 학회장, 부산 경실련 집행위원장 등을 역임했다. 저서로 『논어』 『중국의 아나키즘』 『중국이란 코끼리 다루기』 『나는 자유 : 나림 이병주의 문학과 아나키즘』 등이 있다. 최근에는 정치 문화와 Political Personality에 관한 글을 읽고 있다.

타인

만나면 기분 좋은 사람

만나면 기분 좋은 사람이 있다. 기품 있는 사람이다. 또 만나고 싶고 자주 만나 한 수 배우고 싶어진다. 푸근한 기품이나 높은 격조는 주변을 감화 感化 한다.

정치사상을 공부하는 학생으로 늘 궁금했다. 어떤 사상을 주장하고 어떤 사상에 경도되고 하는 것은 성향 탓일까 아니면 환경의 영향일까. 지금껏 얻은 작은 결론은 성향 nature 과 환경 nurture 은 상호작용을 하지만 성향의 성분이 좀 더 많다는 사실이다.

성향은 기질이다. 타고나는 성격이다. 본성난개 本性難改. 사람의 성격은 변하지 않는다. 기질은 어디 안 간다. 천성 天性 은 관점에 따라 대동소이하다고 할 수도 있고, 천차만별이라고 할 수도 있다. "사람이 다 거기서 거기지 특별히 다르게 나는 건 아니야" 라는 입장이라면 천성은 대동소이한 것이고, "천생 천사 같은 사람이 있는가 하면 짐승보다 못한 자도 있어" 라고 생각한다면 천성은 천차만별인 것이다.

체계를 세우고 일반화하길 좋아하는 학문의 입장은 굳이 열형 熱型 온형 穩型 흔형 很型 으로 분류하기도 한다. 열형은 불같은 성격이다. 자기 고집이 세고 기세가 강하다. 엄청난 에너지 덕분에 큰일을 만들기도 하지만 그 에너지를 주체하지 못해 망가지기도 한다. 온형은 포용력이 있고 매사 무난한 성격이다.

물처럼 처세하는 게 최선이라는 상선약수 上善若水 의 태도에 익숙하다. 혼형은 매우 끈질기고 집요한 성격이다. 상황이 여의치 않을 때는 도광양회 韜光養晦 하지만 기회가 오면 무섭게 몰아붙여 기어이 해내는 성격이다. 다만 유형에 꼭 들어맞는 전형적인 경우도 더러 있으나 대부분의 경우는 세 가지 유형이 이렇게 저렇게 섞여 혼합되어 있다.

기질을 주류 비주류 외류 外類 로 나누기도 한다. 주류는 세상을 지키는 유형이다. 어려서부터 특권 의식과 소명감이 남다르고 늘 앞장선다. 가운데에 위치하며 밝은 쪽을 지향한다. 스포트라이트를 받고, 무리의 리더가 되며, 문자 그대로 중심인물이다. 비주류는 세상을 바꾸는 유형이다. 주류가 18권법과 36초식 등 정통 매뉴얼을 익힌 정통파라면 비주류는 독특한 권법과 초식으로 단련된 유니크 unique 개성파다. 비주류는 주류가 경험 못한 독특한 내공으로 정상에 서더라도 엄청난 도전을 받게 된다. 그래서 무협지에도 독고검 獨孤劍 은 천하제일 검이 되어도 무림의 방주까지는 되지 않는다. 실력으로 지존이 되는 순간 만족하고 전설을 남긴 채 강호를 떠나는 게 보통이다. 세상을 바꾸려면 그만큼 대가를 크게 지불해야 하는 탓이다. 외류는 자유인이다. 내 기준 내 멋에 사는 부류다. 겉모습은 주류나 비주류 형태이더라도 야인 野人 의 자유로움을 즐기고 살면 외류다. 명리 名利에 집착하지 않으나, 자칫 오연 傲然 으로 갈 수도 있다. 진실하고 자유로워야 외류인데 흔치 않다. 다만 이 분류는 그저 성향일 뿐, 경중 輕重 이나 높낮이가 있는 것은 아니다. 주류는 상류인생 비주류와 외류는 하류인생의 뜻이 아니다. 『연의삼국지』의 인물로 예를 들면, 주류의 전형은 원소이고 비주류의 전형은 조조이며 외류의 전형은 관우다.

기질은 기품으로 연결된다. 기품은 바로 품격 dignity 이다. '기분'은 기질과 통하고 기품으로 연결되며 결국 사람의 품격으로 귀결된다. 다만 이것으로 끝나면 맥이 빠진다. 모든 걸 성향이나 경향 tendency 때문이라고 하면 싱겁다. 타고나는 기질을 만회할 뭔가가 있어야 한다. 후천적 성취를 장려하고 각고면려 刻苦勉勵 를 격려하는 모티브가 절실한 것이다.

이 대목에서 나는 '요순 선양설 堯舜 禪讓說 '이란 정치신화를 만났다. 전설시대 요임금이 아무 연고 없는 순을 발탁하고 육성하여 생전에 평화롭게 왕위를 물려주었다는 이야기다. 아들 단주는 모질고 거만하며 사치스럽게 놀기만 좋아해 요는 양위할 현자 賢者 를 여기저기 찾아 다녔다. 은자 隱者 허유는 그 제안에 귀를 씻고 더 깊은 곳으로 숨었다. 곡절 끝에 순을 발굴하고 키워 품성과 능력을 확인한 다음에 권력을 이양해 주었다. 순으로선 평민에서 출발했으나 순전히 후천적인 노력과 개인적 성취의 결과로 성군 聖君 의 뒤를 잇는 성군이 된 것이다. 기원전 22세기 일이다. 확인할 길 없으니 신화다.

'요순 선양설'은 도덕적 평등주의와 개방적 계층관을 역설했던 공자가 만든 정치 신화다. 공자는 대부분의 사람은 누구나 다 도덕적 성취의 가능성이 있다고 여겼다. "유교무류 有敎無類 " 가르침에는 차별이 없다는 말이 바로 그 뜻이다. 그리고 디고난 신분이 고귀하더라도 성취가 없으면 하향 유동하고, 평범한 가정에서 났더라도 성취가 많으면 상향 유동한다고 주장했다. 왕족 귀족의 자제라도 자기수양에 게을러 망나니 짓 하면 3류 인간이고, 평범한 집안의 자제라도 절차탁마해서 도덕적 성취를 이루면 1류 인간이 된다는 주장이다. 공자 자신 소싯적부터 갖은 허드렛일을 하며 젊어 혼자 된 모친을 봉양했다. 불우하고 굴절 심한 환경에서도 뜻을 세우고 갈고 닦았다. 곳곳에 유혹과 위험이 도사리고 있는 난세를 살면서도 시대를 탓하지 않고 품위 있고 규모 있게 살았다. 공자의 사상을 거부하든 추앙하든 그의 성실함과 진지함만큼은 인정하지 않을 수 없다.

공자는 사람을 두 부류로 나눴다. 하나는 군자이고, 다른 하나는 소인이다. 군자는 사람다움 즉 인仁을 이룬 사람이다. 그 군자 됨과 소인 됨의 차이는 타고나는 신분이나 기질이 결정하는 게 아니라 후천적인 닦음의 결과다. 애써 단련하여 인격을 높이면 누구든 군자도 되고 나아가 성인 saint 도 될 수 있다는 '요순 선양설'은 사람을 발분망식 發憤忘食 하게 하는 기막힌 모티브인 것이다.

군자는 기품 있는 사람이다. 군자의 기품은 인仁 이다. 인을 공자는 두 가지로 풀이했다. 효제 孝悌 와 충서 忠恕 다.

우선, 인이란 기본적으로 사양과 배려인데 가장 가까운 인간관계인 가족에서부터 실천하는 것이다. 효와 제가 바로 가족관계의 규범이다. 공자는 정치나 국가는 가족의 규범인 효제가 확장된 것으로 여겼다. 부모께 효성스럽고 어른 잘 모시고 형이나 선배에게 공손한 것이 바로 사람다움이다. 공자의 사람다움은 개체로서의 인간 또는 절대 개인 absolute individual 으로서의 존재가 아니라 관계로서의 존재를 뜻하는 것이다. 사람다움은 가족을 비롯하여 이런저런 인연으로 얽힌 사람 관계에서 이루어진다.

다음, 충과 서는 다른 용어로 하자면 사랑과 정의라고 할 수 있다. 정의는 내 몫은 내가 갖고 네 몫은 네가 갖는 것이다. 각자 자기 몫을 다하고 그 결과를 누리는 것이다. 문제는 자기의 몫을 만들어낼 수 없는 무능력자들이 있다는 현실이다. 장애가 있어서 또는 나이가 많아서 등등의 이유로 내 몫을 생산하지 못하는 사람들은 어떻게 해야 하나. 그래서 사랑이 필요하다. 사랑은 내 몫도 네 것이고 네 몫도 네 것이라는 것이다. 내 몫의 일부 또는 전부를 너를 위해 내어줄 수 있다는 양보와 헌신을 말한다.

정의와 사랑을 이렇게 정리한다면, 공자의 서는 정의에 해당한다. "평생 행할만한 한마디가 뭡니까?" 라는 제자의 질문에 "그건 바로 서다."라고 답했다. 이어서 "내가 하고 싶은 것은 남도 하게 해주고, 내가 하고 싶지 않은 것은 남에게도 시키지 말라."고 부연했다. 서 恕, 공자의 현실성이다.

그런데 정의만 갖고는 안 된다. 사랑이 받쳐줘야 비로소 유정 有情 하고 우아해진다. 그게 충이다. 충은 일차적으로는 진기 盡己 즉 자신의 몸과 마음을 다하는 자기충실이지만, 나아가 널리 베푸는 것으로 확대된다. 공자가 강조한 수기안인 修己安人 이 바로 그 말이다. 내 몸과 맘을 충실히 닦는 것으로 그치지 말고 나아가 널리 사람을 이롭게 하라는 뜻이다. 충忠, 공자의 이상 성이다.

서만 실천하려 애써도 괜찮은 소인이다. 애를 써서 제대로 실천하게 되면 군자다. 나아가 충으로까지 확대되면 군자를 넘어 성인도 되는 것이다.

이 대목에서 돌발 질문 하나. 세상에서 군자와 소인의 비율이 어떻게 될까. 10 대 90, 아니면 50 대 50? 다소 비관적인 탓이겠으나 나는 1 대 99라고 생각한다. 1%의 군자. 100명 중에 군자가 하나라도 있으면 준수한 것 아닐까. 너무 매정한 평가일까. 1%의 군자를 제외하고, 나머지 99% 중의 반은 나를 포함한 평범한 사람들이다. 군자와 소인 사이에서 전전반측輾轉反側 하며 산다. 오늘은 군자연하다가 내일은 소인배 짓 하고, 또 반성해서 군자연하다 다시 소인 노릇하며 허구한 날 전전긍긍 지내는 것이다. 그중 아주 일부는 각고면려하여 진정한 군자의 대열에 들기도 하지만, 더 많은 경우는 제법 오래 쌓아온 군자 훈련이 하루아침에 무너지는 험한 꼴을 당하기도 한다. 사람다움으로 가는 길이 참 험난하다. 내내 애만 쓰다가 끝나는 작업일지도 모른다.

공자의 군자론은 누구나 살얼음 위를 걷는 듯 깊은 물웅덩이 가에 있는 듯 불안 불안하게 지내는 현실에서 더욱 빛난다. 군자일수록 내 가족 내 이웃친지들이 전전긍긍하며 사는 세상에서 자신의 향기와 윤기로 감싸주고 이끌어주어야 한다. 공자는 도덕적 성취를 이룬 다음 대중과 멀리 떨어져 고고하게 지내라고 권하지 않았다. 혼자만 깨닫거나 만족하는 데 그치지 말고 널리 타인에게까지 훈훈함과 넉넉함을 확산시켜야 비로소 사람다운 사람이 된다는 뜻이다. 결국 사람다움은 헤아리고 한 수 접어주는 마음 즉 역지사지의 심정으로 공동체 안에서 배려하고 사양하면서 만들어져 가는 것이다. 당시 그를 비웃으며 "안 되는 줄 알면서 뭘 그리 애를 쓰고 사느냐."고 하던 은둔 도사들에게 "탈속한 듯 세상을 떠나 숨어 지내는 것, 그건 쉬운 일이다. 세상에서 세상을 바꾸려 애쓰고 사는 게 어려운 일이다."라고 말한 바 있다. '그럼에도 불구하고'의 정신이고 치열함이다.

공자의 치열함은 이미 상당한 성취를 이룬 53세 때에 출사표를 들고 천하주유에 나서게 한다. 그 대목에서 한가한 공직에 만족하거나 제자들과 우국지정을 나누는 것으로 그칠 수도 있었으나 굳이 목숨 건 여정을 떠난 것이다. 14년의 주유천하는 실패로 끝났다. 당대의 권력자들은 공자에게 큰 정치를 펼칠 기회를 주지 않았다. 67세에 고향으로 돌아온 공자는 마지막으로 잘 할 수 있는 작업인 문헌정리와 교육에 힘쓴다. 우연이겠지만, 지금 우리 직장인들의 평균 은퇴 나이가 53세이고, 남성들의 건강 한계 나이가 67세다.

사람다움은 세상다움으로 이어진다. 공자가 구상한 세상다운 세상은 품격 있고 정이 있는 사회다. 유정한 세상 품위 있는 천하를 만들기 위해 두 가지를 강조했다. 하나는 사회 구성원 모두가 자신의 지위와 역할에 맞게 언행 하는 것이고, 또 하

만나면 기분 좋은 사람

나는 공동체를 리드하는 위치에 있는 사람들이 먼저 본을 보이는 것이다. 리더들이 "무신불립 無信不立"의 정신으로 사회적 자산인 신뢰 쌓기에 앞장서는 게 결정적이다. 세상다움을 위해서는 정치다움이 있어야 하고, 정치다움이 있으려면 지도자다움이 있어야 한다는 뜻이다. 공자의 구세 救世 구상은 사람다움에서 시작해 지도자다움과 정치다움을 거쳐 궁극 세상다움에 이른다. 그 과정에서 군자의 역할이 절대적이다.

스마트폰이 제갈공명의 지혜를 능가하는 세태에서 공자는 새삼스럽다. 다만 공자가 창조한 기품 있는 인간으로서의 군자는 노블레스 오블리주의 클래식으로 그 가치는 여전하다.

사족 蛇足 한 마디.

일시적인 독재와 폭정이 인류가 공유하는 문명 자산을 망가뜨릴 수는 없다. 푸틴의 야심과 망동 妄動 이 톨스토이와 도스토옙스키의 성취를 폄훼하지는 못한다. 같은 이치로 시진핑의 중국 공산당이 시대착오적 중국 몽을 외치며 퇴행적 모습을 보이고 있다고 해서 공자를 비롯한 제자백가의 지적 축적이 사라지는 것은 아니다. 『논어』는 여전히 가장 품격 있는 고전 중 하나다. 우량한 전통을 두고 갈수록 매력을 잃어가는 중국의 거친 행보에 나는 중국을 공부하는 사람으로서 비감을 느낀다. 하지만 갈 지 之 자로 비틀거리는 것 같아도 세상은 결국 진보한다. 헤겔이 믿었듯, 나는 '역사의 간지 奸智 '를 믿는다.

타오

사람다움은 세상다움으로 이어진다.

공자가 구상한 세상다운 세상은

품격 있고 정이 있는 사회다.

유정한 세상 품위 있는

천하를 만들기 위해

두 가지를 강조했다.

하나는

사회 구성원 모두가 자신의 지위와

역할에 맞게 언행 하는 것이고,

또 하나는

공동체를 리드하는 위치에 있는

사람들이 먼저

본을 보이는 것이다.

차윤석

부산대학교 도시공학과를 졸업하고 도시디자인을 공부하기 위해 베를린 공과대학 건축학과로 유학해 학부와 석사 과정을 마쳤고 이후 여러 건축사무소에서 실무 경험을 쌓았다. 단독주택부터 대형 쇼핑몰까지 다양한 스케일의 건축 작업과 아부다비 메트로 프로젝트, 카타르 루자일 경전철 프로젝트 등의 도시 스케일 작업에 참여했고 독일 건축사를 취득하였으며 귀국 후 동아대학교 건축학과 교수로 재직 중이다.

비어있는 곳의 기분

천천히 걷다

이미 시간이 꽤 지났지만 필자가 난생처음 유럽 땅에 발을 디뎠을 때, 조금 놀랐던 일이 몇 가지 있다. 그중 가장 적응하기 힘들었던 일은 우리와는 다른 시간 개념을 가지고 있다는 것이었다. 분명 같은 공간에 있으나, 마치 나 혼자 다른 시간대에 있는 것 같은 느낌이라고 할까? 나를 제외한 모든 사회가 천천히 흘러가는 말로 표현 못할 위화감에 적응하기까지 시간이 꽤나 걸렸다.

또 하나는 산책이다. 그들은 정말 많이 걸었던 것으로 기억된다. 우리처럼 만보계를 차고 하루에 몇 보나 걷나 세는 것이 아니라, 날씨가 허락하는 한, 시간이 조금만 있어도 밖으로 나가 천천히 길을 걷는다. 운동의 개념이라고 하긴 힘들 것 같고, 그냥 그들의 생활방식이라는 것이 적절한 표현이겠다. 물론 날씨에 관계없이 걷거나 뛰는 사람들도 꽤 많은 편이긴 하다. 그렇게 걷다가 공원이나 도로가의 벤치에 앉아 커피나 맥주를 한 잔 마시면서 풍경도 즐기고 햇살도 즐긴다. 누가 같이 간 사람이라도 있으면 앉아서 이런저런 수다를 떠는 모습은 흔한 일상의 풍경이다. 심지어 사무실에서 일을 하다가도 제대로 풀리지 않으면, 같이 일하는 동료들과 잠시 바깥에 나가 동네 한 바퀴를 걸으면서 이야기를 나누기도 한다. 마음먹고 산책이라도 나갈 셈이면 두세 시간을 걷는 것은 그리 놀라운 일도 아니다. 그렇게 걷다 쉬다 보면 자연스레 하늘도 한번 쳐다보다가 나무도 보다가 주변에 들어선 건물들에게도 눈길이 가기 마련이다. 도시의 풍경이 눈에 들어온다. 가끔씩은 옆을 지나가는 사람들은 빠르게 지나가면서 나를 둘러싼 풍경과 배경들만이 서서히 선명해지는, 마치 영화에서나 보던 장면이 펼쳐지는 것 같은 신기한 경험을 할 때도 있다.

필자가 자주 산책을 가던 베를린의 니콜라이 지구(Nikolaiviertel). 13세기에 조성된 곳으로 약 800년 이상의 역사를 가진 지역이다. 쉽게 말해 베를린이 시작된 곳이라고 보면 된다. 아직도 당시의 오래된 구조들이 남아있다. 오른편에 보이는 입면의 구조를 살펴보면, 어떤 규칙이 있는지 금방 파악이 될 것이다. 디자인에 있어 이런 규칙들은 공간을 이해할 수 있게 해주는 중요한 도구이다.

니콜라이 지구 @차윤석

앞만 보고 걷다

한국에 들어 온 지 두어 달 정도 지났을까? 직장 구하랴, 인사하러 다니랴 정신없이 시간을 보내던 어느 날 갑자기 집사람이 산책을 좀 하자고 한다. 그러고 보니 베를린에 있을 때는 가족들과 적어도 일주일에 한두 번 이상은 산책을 했던 것 같다. 주말이면 일부러 걸어서 한 시간 정도 걸리는 시내에 쇼핑을 가기도 했었다. 돌이켜보면 짧은 시간 동안 너무 정신없이 지낸 것 같기도 하고, 오래간만에 여유를 가지고 걸어보는 것도 나쁘지 않겠다 싶어 주섬주섬 옷을 챙겨 입고 나왔다. 그런데 막상 나오니 주변을 즐기면서 걸을 만한 곳을 찾기가 힘들다. 동네 여기저기에는 작은 소공원도 많고, 운동하는 곳도 꽤 많은 편이다. 공원에는 조깅 코스가, 산에는 등산로가 잘 닦여있고 군데군데 체력 단련장도 마련되어 있다. 그렇게 많은 편은 아니나 이어폰을 끼고 달리는 젊은 사람들의 모습도 드문드문 눈에 띈다, 어르신들은 핸드폰으로 트로트 음악을 크게 틀어놓고 기구에 거꾸로 매달려 있다. 어디서나 흔히 볼 수 있는 풍경이다.

얼핏 보면 외부의 풍경이나 환경을 즐기면서 길을 걷기에 충분한 조건들은 갖추어진 것 같다. 만약 특정한 목적을 가지고 있다면 말이다. 하지만 아무리 둘러봐도 사람이 만들어 놓은 제대로 된 풍경은 찾아보기 힘들다. 우리나라가 천혜의 자연환경을 가지고 있다는 점은 인정한다. 하지만 그 풍경은 자연적인 풍경이다. 자연적인 풍경은 인간의 손을 덜 탈수록 그 아름다움이 더 빛나는 법이다.

　오늘날 우리 대부분이 살고 있는 곳은 도시지역이며, - 참고로 UN-Habitat의 보고서에 따르면 2020년 기준 인류의 56.2%가 도시지역에 거주하고 있으며, 우리나라의 경우 2021년 기준 총인구 5,164만 명 중 4,740만 명, 약 91.8%가 도시지역에 거주하고 있다 - 도시는 인공적인 건조물로 둘러싸인 환경이다. 자연적인 풍경이 좋은 곳이야 왜 없겠는가? 봄이 되면 벚꽃을, 가을이 되면 단풍을 즐길만한 곳은 차고도 넘친다.

　이제 도심으로 한번 나가보자. 가장 먼저 눈에 띄는 풍경은 빽빽하게 들어선 건물들과 그 사이로 바쁘게 돌아다니는 사람들이다. 다들 앞만 보고 걸음을 재촉한다. 자신들이 어디로 가야 하는지, 무엇을 해야 하는지 잘 알고 있다. 미팅 시간까지 5분이 남은 회사원은 더욱 걸음을 재촉한다. 그의 시선이 향하는 곳은 시계와 자신이 가야 하는 목적지뿐이다. 좁은 보도에 자전거도로, 울퉁불퉁한 보도블록, 앞에서 밀려오는 사람들은 주변을 둘러볼 여유를 허락하지 않는다. 더구나 고개를 들어도 눈에 들어오는 것이라곤 정신없이 늘어져 있는 전깃줄과 어지러운 광고판, 그리고 건물을 도배한 무질서한 간판뿐이다. 걷다가 잠시 공원에 앉아 쉬어갈 여유도 없다. 내가 걷고 있는 곳이 어떻게 생겼는지, 여기를 지나면 어떤 풍경이 펼쳐질지 상상이 되지 않는다. 어떤 공간에 있는지, 그 공간이 어떻게 생

터옹

그나마 걷기 좋다는 해운대 구남로 풍경. 보도나 도로가 아무리 깨끗하게 정비가 되어 있어도 좌우를 둘러싼 시설물과 건물들의 무질서함은 공간을 이해하기 어렵게 만든다.

겼는지가 파악되지 않는다. 한마디로 어디가 어딘지 알 수 없다. 인간은 알 수 없고 예측할 수 없는 것에 대해 본능적으로 '불안'을 느낀다. 불안은 '불쾌'를 유발한다. 이런 곳을 걷는 것이 '기분' 좋을 리 만무하다. 그러니 앞만 보고 걷는다.

우리는 '기분' 좋게 걷기 위해서, 그 걸음이 쉬어가는 곳에서 '기분' 좋게 머무르기 위해서 시간과 비용을 지불해야 한다. 내가 원하는 풍경 - 그것이 자연적이든 인공적이든 - 을 제공할 수 있는 곳을 찾아봐야 하고, 일부러 시간을 내서 찾아가야 한다. 마음에 드는 곳을 찾기 위해 비행기를 타고 해외로 나가기도 한다. 한편으론 일상을 벗어나서 여유를 찾는 것이니 시간과 돈이

비어있는 곳의 기분

허락해준다면 나름 괜찮은 것 같기도 하다.

여기서 잠깐 이런 질문을 한번 던져보자.

"기분 좋게 걷고, 머물기 위해서
반드시 시간과 비용의 투자를 해야 하나?"

이 질문에 대한 필자의 대답은 '아니오'이다. 굳이 시간과 비용을 들이지 않아도 건축과 도시는 사람들이 '기분' 좋게 걸을만한 공간과 머무를 수 있는 공간을 제공해야 한다. 그것은 건축과 도시가 지켜야 할 미덕이자, 의무이다. 하지만 안타깝게도 우리의 건축과 도시가 제공하는 것은 엄밀하게 말하자면 기술적인 '경로 path '이지 '길'이 아니다. '경로'가 단지 목적지를 향해 가는 통행로의 개념이라면, '길'은 그것과는 분명히 다르다. '길'에는 사람들의 생활이 있다. '길'은 불특정 다수의 집단적인 생활을 담는 외부공간이자 공공공간이다. 길은 문을 열고 한 발자국만 나가면 언제든지 있는 공간이지만, 개인으로서의 '정체성'이 집단에서의 '익명성'으로 전환되는 특수한 공간이다. 그렇기 때문에 아주 신중하게 계획되고 만들어져야 한다. 그리고 이 길들 사이에 머무를 수 있는 공간들이 만들어져야 한다.

길과 머무는 곳은 눈에 보이는 공간이 아니라, 비어있는 공간, 즉 여백이다. 따라서 건축과 도시를 다루는 사람은 보이지 않는 여백을 잘 다루어야 한다. 눈에 보이지 않는 공간이나 여백을 어떻게 만들 수 있느냐고? 그다지 어렵지 않다. 역설적이긴 하지만, 눈에 보이는 것을 잘 만들면 될 일이다. 눈에 보이는 것을 잘 만들면, 보이지 않는 것도 충분히 감각되고 인식된다. 눈에 보이지 않는 공간이 제대로 인식되지 않는다는 소리는 눈에 보이는 공간을 제대로 만들지 못했다는 것과 같은 의미다. 제대로 만들어야 제대로 인식이 되고, 보는 사람이 알 수 있다. 알 수 있어야 예측이 가능하고, 이를 통해 '쾌'가 유발된다. '기분'이 좋아진다.

일각에서 주장하듯 건축과 도시의 공간, 특히 외부공간은 보이지 않는다는 의견은 어디까지나 '인간이 상상할 수 있는 원초적 공간에 대한 원론적 주장'이다. 그 뒤에는 건축과 도시는 사람의 눈에 보이지 않는 무언가를 다루는 초월적 직무이며, 그렇기 때문에 신성하다는 전제가 깔려 있다. 이를 통해 개인적, 직업적, 혹은 사회적 지위를 끌어올리고자 하는 불순한 의도가 숨겨져 있다고 밖에 볼 수 없다.

그렇다면 다음에 무엇을 논의할지는 명확하다.

여백은 어떻게 만들어야 하나?

혼히들 건축과 도시를 좀 안다는 사람들이 하는 말이 있다.

"건축과 도시는 배경이 되어야 한다."

맞는 말이다. 절대적으로 동감한다. 문제는 이 배경이 무엇이고, 어떻게 만드냐는 것이다. 조금 깊이 들어가면, 기본적으로 건축과 도시를 인식하는 방법에 대해 논의해야 하나, 이 논의를 위해서는 역사와 철학, 미학 그리고 다양한 인문학적 이론이 먼저 선행되어야 한다. 물론 이 글에서 어느 정도는 언급하겠으나 안타깝게도 세세한 부분과 그 과정을 다루기엔 시간과 지면이 허락하지 않는다. 건축과 도시를 인식하는 이론이 어느 정도 갖추어진 상태에서, 물리적으로 디자인하는 방법을 논하는 것이 순서일 것이다.

군이 이런 절차와 과정이 필요하냐고 물을 분들이 분명히 계실 것이다. 디자인은 예술적이며 감각적이어야 하고, 개인의 주관을 표현하는 것이 아니냐고 주장할 분들이 분명히 계실 것으로 알고 있다. 논란의 여지는 있겠으나 이런 말씀을 드리고 싶다.

그러한 주장이 틀리지는 않았으나, 바람직한 주장 또한 아니라고.

앞서 언급했듯이 외부공간으로서 공공공간은 특수한 성격을 가지고 있다. 더군다나 다수인 공공이 사용하는 공간을 개인적인 기준으로 디자인하는 것은 분명 무리가 있다. 조금 전문적인 말로 포장하면 '시간을 초월한 집단의 인식과 만족'에 관한 고찰이 선행되어야 한다. 왜냐하면 건축과 도시는 일회용 상품처럼 한 번 쓰고 버리는 것이 아니기 때문이다.

"우리도 주택은 최소한 이삼십 년을 쓰고, 아파트 재개발에 삼사십 년이 걸린다. 이것이 어떻게 일회성인가?" 이렇게 반문하는 분들을 가끔 만난다. 백번 양보해서 이 주장이 맞다 치자. 그렇다면 우리는 굳이 머리 아프게 계획이나 디자인을 할 이유가 전혀 없다. 만약 그럼에도 불구하고 계획을 하고 디자인을 해야 한다면, 그 목적이 무엇인지 한번 물어볼 만한 일이다. 한 세대 남짓한 세월이 길어 보이는 것은 겨우 백 년을 살아가는 인간의 시간 기준이며, 건축과 도시의 디자인이 겨우 삼사십 년의 시간 만에 수많은 불특정 다수에게 이해가 되고 설득력을 가질 수 있다는 근거는 어디에도 없는 것으로 알고 있다. 개인의 시간관념으로 세상을 이해하기에 우리에게 주어진 삶은 너무 짧다.

혹은 "결국 물리적 건조 환경이란 언젠가 수명을 다할 것이고, 무너진다. 남아 있는 것은 땅에 남은 역사와 기억뿐 아니겠는가?"라고 주장하시는 분들은 죄송하지만 책장을 어기시 딮어

주시기 바란다. 앞서 언급했듯이 우리는 감각할 수 없는 것에 대해서는 끊임없는 해석과 논쟁만을 할 수 있다. 그리고 어디까지나 부분적인 이해만 가능하다. 이런 분들은 '공간'이 무엇인지, '역사'와 '기억'이 무엇인지에 대해 '불특정 다수가 이해할 수 있는 정의'를 내리신 후에, 주장을 펼치는 것이 타당할 것으로 보인다. 그렇지 못하다면, 단지 개인이나 일부 소수의 근거 없는 주장과 무슨 차이가 있겠는가?

어쨌거나 상식적으로 봐도 특정 시대를 살아가는 한 개인을 만족시키는 것보다 여러 세대에 걸친 불특정 다수를 만족시키는 것이 더 어렵지 않겠는가?

또 "우리의 건축과 도시도 그다지 나쁘지는 않다.", "왜 우리의 건축과 도시가 다른 나라의 잣대로 평가되고, 폄하되어야 하는가?"라는 의문을 가지는 분들도 분명히 계실 것이다. 그 이유는 명확하다. 현재 우리가 하고 있는 건축과 도시의 디자인과 그 방식은 논란의 여지없이 서구에서 도입된 근대와 현대의 그것이다. 원래 우리 것도 아니었으며, 우리의 방식도 아니었다. 말하자면 남의 옷을 빌린 것이다. 남의 옷을 빌려 입으면, 원래 몸에 맞지 않는 법이다. 한번 입고 돌려준다면 모를까, 보통은 길이를 줄이거나 품을 조절해 몸에 맞추는 것이 상식적이다. 당연히 어떤 옷인지 파악을 해야 하고, 내 몸의 크기를 알아야 하며, 어디를 조절할지 고심을 한 후 가위질을 하는 것이 상식이라고 생각한다.

　그렇기 때문에 우리에게 맞는 고유의 방식을 만들어야 하
지 않느냐는 주장도 있다. 물론 일리 있는 말이고, 필자도 동의
한다. 하지만 이런 방식은 절대 하루아침에 만들어지지 않는다.
일부에서 주장하듯이 좋은 방식은 어느 날 갑자기 천재적인 누
군가에 의해서 만들어진다는 주장은 무리가 있다. 짧게 보면 그
런 방식이 가능할지 모르지만, 일회성에 그칠 가능성이 크다.
건축과 도시가 제대로 인식되고 이해되기 위해서는, 최소한 몇
세대에 걸쳐 지속되는 디자인과 양식이 필요하다. 왜냐하면 앞
서 언급한 '집단의 인식과 만족'은 단지 특정 시대의 한 집단을
의미하는 것이 아니기 때문이다. 사람들이 단체로 미치거나 최
면이라도 걸리지 않는 이상에야, 필연적으로 시간이 걸리게 되
어있다. 우리만의 건축과 도시라고 주장할 수 있는 그 무언가가
나올 때까지 100년이 걸릴지 200년이 걸릴지 모를 일이다. 그렇
다면 그동안 우리가 할 수 있는 것은 무엇이란 말인가? 그 사이
의 시간을 채울 수 있는 방법을 찾아야 한다. 그것도 상식이다.

"우리는 과연 이러한 상식적인 과정을 거쳐 왔는가?"

　앞서 건축과 도시는 배경이 되어야 한다고 했다. 배경을 만
드는 법은 그다지 어렵지 않다. 굳이 이론적으로 따지자면, 여
기서 가장 기본이 되는 이론은 'Figure & Ground'이론이나. 게

슈탈트 Gestalt 심리학의 핵심 이론 중 하나로, 배경 Background 과 전경 Foreground 에 관한 이론이다. 대표적인 예로 사람 얼굴 로도 보이고 꽃병으로 보이는 그림을 상상하시면 되겠다. 이와 같이 어디에 초점을 맞추느냐에 따라 보이는 것이 달라지는 그 림이라고 이해하시면 된다. 그리고 'Figure & Ground'이론을 3차원으로 적용시키면 'Solid & Void'가 된다. 공간을 이해하고 다루기 위한 가장 기초적인 이론이자 배경지식이다.

굳이 서양의 이론을 빌려오지 않더라도 우리 선조들이 동양 화를 그릴 때, 배경과 여백을 강조했던 것도 같은 맥락이다. 배 경과 여백을 어떻게 사용하느냐에 따라 그림이 좋아 보이기도, 그렇지 않기도 한다.

베를린 시내의 Figure & Ground Plan. 도시의 구조를 한눈에 파악할 수 있다. 건축의 차 원에서는 Figure(칠해진 부분)가 중요하지만, 도시의 차원에서는 Ground(비어있는 부분) 가 더 중요하다.

베를린 Figure & Ground Plan @ www.berlin.de

이 이론의 핵심은 '어떻게 해야 대상을 인식할 수 있게 만들 수 있냐는 것'이다. 사실 이 이론 자체가 중요한 것이 아니라, 어떻게 적용할 것인가가 더 중요하다. 그래서 만들어낸 무언가를 알아 볼 수 있게 만드는 것이 관건이다.

하얀 종이에 그림을 그린다고 한번 상상해 보자. 여백을 만들어 내기 위해서는 무조건 무언가를 그려 넣어야 한다. 하다못해 점이라도 하나 찍어야 종이에 여백이 생긴다. 건축의 스케일에서는 그려 넣는 그 무언가가 기둥이 되고, 벽이 된다. 도시의 스케일에서는 그것이 집이 되고, 블록이 된다. 사람들이 실제로 지나다니는 길과 머무는 공간은 비어있는 여백이다. 단순하게 생각해 보자. 이 비어있는 여백을 잘 만들기 위해서는 필연적으로 그려 넣는 무언가를 잘 그려야 한다.

이 방식을 3차원으로 적용시키면, 우리가 매일 경험하는 건축물과 도시 공간이 발생한다. 차원이 하나 증가했으니, 고려해야 할 부분도 당연히 더 늘어난다. 이 경우는 보이는 면이 중요해진다. 쉽게 이야기하면, 건물의 입면과 가로에 설치된 보도나 가로수 등이다. 평면적으로 보는 것보다 차원이 하나 늘어났으니, 조금은 더 신경을 써야 한다. 그리고 보이는 면은 앞서 언급한 '시간을 초월한 집단적 인식과 만족'이라는 요인을 충족시켜야 한다. 그렇게 하기 위해서는 어느 정도 '이해'의 틀을 만들어야 한다. 모든 사람이 아니더라도 다수가 동일하게 혹은 유사하게 인식할 수 있는 일관된 '이해'의 틀을 만들어야 한다. 왜냐하면 여기서는 구축된 건조환경이 배경의 역할을 하기 때문이다. 자연적 배경은 물리적 건조환경에 대한 2차 배경의 역할을 한다. 따라서 이 둘의 관계에 대해서도 고려를 해야 한다.

예를 들어, 아무것도 없는 넓은 평평한 초원을 한번 상상해 보자. 초원이 지평선을 이루고 그 위로 파란 하늘이 펼쳐져 있다. 상상만 해도 '기분' 좋은 풍경이다. 왜냐하면 어디가 초원이고, 어디가 하늘인지 명확히 알 수 있기 때문이다. 만약 이런 풍경에 건물을 설계하게 되면, 특별한 제약 사항이 없다. '저 푸른 초원 위에 그림 같은 집'이라는 노래 가사처럼 어떤 건물이든 적당히 디자인해도 아름다운 그림이 된다. 왜냐하면 이미 우리의 머릿속에는 초원과 하늘이라는 요소와 건물이라는 요소가 명확하게 구별되고 인지되기 때문이다. 이렇게 예쁘고 이해되는 풍경을 보면 사람들은 '기분'좋다고 느낀다. 하긴 이런 경우 오히려 잘못된 그림이 나오기가 더 어렵다고 할까. 만약 이런 배경에 무언가를 디자인하고 지었을 때, 아름답게 보이지 않고, 불쾌한 감정이 든다면 그건 정말 잘못한 것이다.

똑같은 풍경을 상상해 보자. 대신 별빛이나 달빛이 하나도 없는 캄캄한 밤이다. 어디가 하늘인지 어디가 땅인지 도무지 알 수 없다. 따라서 무섭고 두려운 감정이 들고, 이는 '불쾌'하다.

초원 위의 집 https://pixabay.com/ko/

초원 위의 집 풍경 사진. 특별한 디자인이 없어도, 화려지 않아도 아름다워 보이는 이유는 자연과의 대비를 통해 명확히 인식되기 때문이다

하지만 만약 여기에 불빛이라도 하나 있다면 이야기는 달라진다. 반짝이는 불빛은 캄캄한 배경과 완전히 대비가 되고, 인식이 된다. 도시의 야경이 아름다운 이유는 바로 이 때문이다. 무엇이 불빛인지, 무엇이 배경인지 확실히 인식되기 때문이다. 불빛이 하나 들어오는 순간 '불쾌'는 '쾌'로 바뀐다. '기분'이 좋아진다. 물론 그렇다고 해서 야경이 아름다운 도시가 낮에 보았을 때 아름다운 도시라는 소리는 절대 아니다.

이 원리를 도시 공간에 3차원으로 적용시켜 보자. 이 경우는 우리의 눈높이에서 보이는 건물들의 스카이라인이 위에서 말한 지평선의 역할을 해야 한다. 다시 말하자면, 평평한 초원

일 경우 하늘과 경계가 하나가 된다면, 건물이 있을 경우는 이 경계가 조금 높게 올라간다고 생각하면 된다. 건물과 배경이 되는 하늘 사이의 경계를 만들어주는 것이다. 만약 배경으로 산이 있을 경우는 건물과 산, 하늘 사이에 두 개의 경계가 발생하게 된다. 관건은 평균적인 사람의 시선 높이에서 어떻게든 명확한 경계를 설정해서 무엇이 건물이고, 무엇이 배경의 역할을 하는지 인지할 수 있게 해 주는 것이다. 이 경계가 설정된 후에 도로, 보도, 건물의 입면들과 가로시설물들이 디자인되어야 한다. 앞서 언급했듯이 여기서는 구축된 건조환경이 배경의 역할을 하기 때문에, 건물의 입면들이 배경이 되도록 디자인해 주어야 한다. 그 이유는 앞서 언급한 바와 같이 불특정 다수가 어디가 건물이며, 어디가 배경인지 알아볼 수 있도록 만들기 위해서

필자가 좋아하는 도시 프라하. 여기서 보이는 풍경에서 어떤 원칙을 찾을 수 있을까?
프라하 풍경 @https://dehn-touristik.de/

이다. 그리고 이 디자인은 어느 정도의 일관성을 가져야 한다. 그래야만 경계와 경계 사이의 내용들이 쉽게 이해가 될 수 있기 때문이다. 이렇게 디자인된 건물과 도시는 보기에도 걷기에도 '기분'이 좋다.

최소한 이런 원칙을 지켜서 디자인된 건축과 도시는 세월을 넘어 오래 지속될 수 있는 필요조건을 충족한 셈이다. 현재의 세대가 보고 이해할 수 있는 건축과 도시는 다음 세대가 이해하고 즐기기 위한 기반이 된다. 물론 이전 세대가 이해하는 방식과는 다르게 이해할 수도 있다. 하지만 최소한 '공공의 이해'를 위한 기반을 닦아줘야 할 의무가 건축과 도시를 다루는 사람들에게 있다고 생각한다. 단순하지 않지만, 너무 복잡하지 않게, 이 조건을 충족시키면서 '불특정 다수', 즉 '공공'에게 쉽게 '이해'될 수 있는 건축과 도시는 눈을 즐겁게 해준다. 눈이 즐거우면 '기분'은 자연스럽게 좋아지기 마련이다.

"우리의 건축과 도시를 제대로 이해할 수 있는가?"
"우리는 우리의 건축과 도시를 '기분' 좋게 즐기고 있는가?"

이 질문들에 자신 있게 '예'라고 대답할 사람이 과연 몇 명이나 있을까?

글을 마무리하며

주제를 받고 장고 끝에, "우리가 걸으면서 보는 우리의 건축과 도시는 과연 '기분' 좋은 풍경인가?"라는 질문으로 이 글을 시작하였다. '기분'이란 단어는 어떻게 보면 주관의 영역이고 감성의 영역이란 느낌이 강하게 들어 쉽게 접근이 어려웠던 것도 사실이다. 필자 또한 개인적으로 이성 못지않게 감성도 중요하게 생각하고 있으나, 사실 그 영역이나 경계도 모호하기도 하고. 이 둘은 상호 영향을 주고받는다는 사실은 명확하지만 언제, 어떻게 이 영향이 작용하는지에 대해서는 아직 제대로 알지 못한다. 하지만 결국 상호 간의 균형이 중요한 것이 아닐까 하는 막연한 믿음을 가지고 있을 뿐이다.

오늘날 우리가 보고 있는 건축과 도시는 근대성과 이성의 영향을 많이 받은 것은 굳이 설명할 필요가 없는 사실이다. 다양한 해석이 있을 순 있지만, 근대성과 이성의 가장 큰 역할은 무언가를 이해하기 위한 기반을 만들어 내는 것임은 의심의 여지가 없다. 과연 우리가 근대성과 이성을 제대로 이해하고 활용했는가, 우리의 건축과 도시는 이해할 수 있는 것인가에 대해서는 여전히 의문이 남는다.

티오

최소한 '공공의 이해'를 위한
기반을 닦아줘야 할 의무가
건축과 도시를 다루는 사람들에게
있다고 생각한다.
단순하지 않지만,
너무 복잡하지 않게,
이 조건을 충족시키면서
'불특정 다수',
즉 '공공'에게 쉽게 '이해'될 수 있는
건축과 도시는 눈을 즐겁게 해준다.
눈이 즐거우면 '기분'은
자연스럽게
좋아지기 마련이다.

이한석

1990년대 말부터 지금까지 불모지였던 해양건축 분야에서 선구자 역할을 하면서 지속적인 연구 및 교육 활동을 통해 우리나라 해양건축의 발전에 기여하였으며 현재는 해양수산부 기술자문위원회 위원으로 활동하고 있다

타운

바닷가 경관,
그 흥에 취하여

물가 경관

경관은 국립국어원의 『표준국어대사전』에 따르면 "산이나 들, 강, 바다 따위의 자연이나 지역의 풍경"이며 풍경은 "산이나 들, 강, 바다 따위의 자연이나 지역의 모습"이다. 이렇게 사전적 의미로는 경관과 풍경이 같은 뜻을 가진다.

한편 풍경학자 강영조 교수는 『풍경에 다가서기』2003 에서 풍경이란 바람과 빛의 합성어이며 풍광과 같은 뜻이고, 경관은 사물의 객관적 시각 상 像 을 의미한다고 설명한다. 그는 또 『풍경의 발견』2005 에서 풍경을 보는 것은 대상을 바라보는 행동이며 이를 조망이라고 하고, 풍경을 제대로 느끼려면 그 풍경에 맞는 조망 방법이 있다고 한다.

이 글에서 '물가 경관'이란 인간이 물가 水邊 에서 오감을 통해 느끼는 감각적 상을 의미한다. 즉 경관은 지각되는 풍경으로서 좋은 '물가 경관'은 경험하는 사람에게 정서적인 감동을 주고 삶의 의미를 새롭게 깨닫게 하며 영혼이 승화되는 체험을 가능하게 한다.

'물가 경관'을 체험하는 데는 보는 사람, 보이는 풍경, 그리고 볼 수 있는 상황이 필요하다. 즉 경관 체험은 상황을 매개로

한 사람과 풍경의 관계이다. 이런 뜻에서 '물가 경관'에는 시각이 가장 큰 역할을 하지만 시각 이외에 귀로 듣고 입으로 맛보고 코로 냄새 맡고 몸으로 접해보는 모든 것으로 구성된다.

물가라는 장소에서는 물이 가장 중요한 경관 요소가 된다. 이런 관점에서 '물가 경관'은 수면을 중심으로 자연 요소와 인공 요소가 만나 하나의 융화된 경관을 형성한다. '물가 경관'에서 이 요소들은 각자 단독으로 얻을 수 없는 균형과 조화를 생성하며 물가의 장소적 특성에 따라서 개별 요소의 비중이 서로 다르게 되어 독특한 경관을 형성한다.

또한 '물가 경관'에는 자연 요소들 사이에 경계선으로 형성되는 경관 골격이 있다. 물가에서 경관 골격으로는 물과 육지가 만나는 수제선, 하늘과 육지가 만나는 스카이라인, 물과 하늘이 만나는 수평선이 있으며 이들 세 가지 자연의 선이 인공적으로 훼손되지 않아야 좋은 '물가 경관'이 형성된다.

한편 '물가 경관'은 순수하게 감각적인 것만으로 구성되지 않는다. 인간은 경관으로부터 무엇을 할 수 있고, 얻을 수 있는가 기대하며 그 기대가 충족될수록 아름답다고 느낀다. 물가에서 인간이 원초적으로 기대하는 것은 물을 바라보며 휴식을 취하거나, 물가를 걷거나, 물에 다가가거나, 물속에 몸을 담그는 것과 같은 친수 행위이다. 따라서 친수 행위를 충족할 수 있는 친수공간은 '물가 경관'의 체험에 큰 영향을 준다.

바닷가 경관

우리의 물가 경관 가운데 가장 빼어난 경관은 '바닷가 경관' 이다. 바닷가에서 대규모 매립이나 인공적인 개발이 일어나기 이전에 우리 바닷가의 진정한 아름다움을 조선시대에 그려진 진경산수화 眞景山水畵 를 통해 알아볼 수 있다. 강영조 교수는 『풍경에 다가서기』2003 에서 아름다운 풍경이라는 개념이 풍경화, 곧 산수화에서 나온 것으로서 그림 이미지를 현실에 투영하여 아름다운 풍경을 골라낸 것이라 설명한다.

산수화는 땅과 물과 하늘과 바람과 안개 등으로 구성된 산수의 풍경을 주제로 하여 그린 전통 회화이며, 여기에서 산수라고 하면 인간의 미적 감각을 자극하는 대상으로서 순수한 모습의 자연을 의미한다. 우리나라를 비롯하여 중국과 일본 등 동양 문화권에서는 일찍부터 산수화가 발달하였으며, 가장 한국적인 산수화는 진경산수화로서 조선시대의 문예 부흥기로 알려진 1700~1850년 사이에 꽃을 피웠다.

진경산수화는 화가가 산하를 여행하며 자연을 직접 관찰하고 느낀 바를 진솔하게 그렸기 때문에 여기에는 우리 자연에서 느낄 수 있는 멋과 흥이 있다. 특히 산수는 큰 물상이라서 산수화에서는 자잘한 것에 신경을 쓰기보다는 전체의 구성과 관계를 중요시하였다.

진경산수화에서는 바닷가를 어떻게 그렸을까? 바닷가를 그린 진경산수회에는 산이 있고, 물을 바라볼 수 있는 정자나 바위가 있으며, 물 위에 고기잡이배와 낚시하는 모습이 있다. 또한 멀리 있는 물에는 물결이 없고 물을 멀리 그리고자 하면 그 일부를 가려서 그 물줄기를 끊어 놓는다.

이렇게 그려진 진경산수화에서 바닷가 경관을 제대로 감상하려면 회화적 상상력이 필요하다. 그림에는 정자, 대 臺, 바위, 그리고 배와 같은 조망점에 위치한 인물이 등장하는데 그 인물의 위치에서 날씨, 파도, 시간 등 그림의 상황을 마음에 두고 시각을 비롯한 청각 등 오감을 활용하여 주변 경관을 하나하나 상상하면서 감상해야 한다.

진경산수화는 장소의 실경 實景 에 기초하여 경관 요소 하나하나를 신중하게 선정하고 인물을 중심으로 화면을 구성해냈기 때문에 감상자가 그림 속 인물이 되어 그림에 나타난 경관 요소들, 그들의 구성 그리고 자신과 경관 요소의 관계에 주의를 기울이며 그림 속으로 빠져들어야 한다. 좋은 경관은 그 풍경을 보기에 적절한 장소, 즉 시점 視點 과 그곳에서 그 풍경과 절묘한 관계를 맺는 시선 視線 즉 조망 행위에 의해 발생하기 때문이다.

겸재나 단원의 진경산수화에는 특별히 바닷가를 그린 작품이 많다. 그 이유를 강관식은 『단원 김홍도: 탄신 250주년 기념 특별전』 1995 에서 "그 시대에는 어딘가 바다에 대한 동경이 있었던 것 같고 바다는 그저 바다라는 것만으로도 언제 어디서나 좋은 것"이라고 설명하면서 바닷가 중에서도 기암절벽이 있는 곳이 대표적인 비경이며 작은 배를 타고 기암절벽에 다가가서

懸鍾巖

단원, 「현종암懸鍾巖」도

감상하는 것이야말로 신선의 세계에 비유된다고 하였다.

　　바닷가 경관을 살펴볼 수 있는 대표적인 그림으로서 단원이 1788년 정조 12년에 어명을 받고 동해 바닷가의 절경을 그린「현종암 懸鍾巖 」도는 우리 바닷가의 참모습을 보여준다.

　　「현종암」도에는 두 선비가 종을 이끌고 화면 전면에 위치한 금란굴 둥근 봉우리 위에서 바닷가 경관을 감상하고 있으므로 그림 속 선비가 되어 천천히 주변 경관을 바라보자.

우선 앉아 있는 금란굴 바위 밑에서는 청아한 파도 소리가 들리고 눈을 좌측으로 돌리면 완만한 곡선의 해안선이 보이며 파도가 모래와 부딪혀 흰 물거품이 일어나고 있다.

해안선 왼편에는 구릉과 산들이 바다로 내달리고 있으며, 해안선 끝에는 당당한 자태의 푸른 봉우리가 시선을 멈추게 하고 봉우리 앞에는 너른 들과 맑은 천이 굽이굽이 바다로 흘러든다.

봉우리 뒤편 바닷가에는 십여 채 초가집의 한적한 어촌이 유일한 인공적인 요소로서 자리 잡고 있으며, 어촌 뒤편에는 듬직한 산과 푸른 송림이 버티고 있어 바다에서 불어오는 바람으로부터 어촌을 보호해주고 동시에 눈길을 바다에 떠 있는 섬들로 옮겨준다.

이제 시선은 섬들 너머 수평선과 그 위 하늘을 바라보고 다시 화면 오른편 끝에 자리한 큰 섬에 가서 멈춘다. 여기서부터 눈길은 화면 오른편 가장자리를 따라 내려오면서 섬들과 소나무를 연이어 바라보게 되고 이어서 둥근 궤적을 그리며 금란굴 바위로 돌아온다.

이 둥근 곡선은 해안선과 더불어 수면을 보기 좋은 크기의 타원형으로 감싸서 수면을 미의식 전면에 등장시키고, 금란굴에 다다른 눈길은 기묘하게 생긴 굴과 바위 위 푸른 소나무를 찬찬히 훑어본다.

이 그림에서 모든 경관 요소는 하나하나가 반듯하고 나무랄

겸재, 「시중대(侍中臺)」도

데 없는 형상이며 또한 있어야 할 자리에 제대로 위치하여 서로
잘 어울리면서 바닷가 경관의 백미 白眉 를 구성하고 있다.

　우리 바닷가 경관에서 한층 높은 격을 자랑하는 것이 호수
와 바다가 함께 만든 승경 勝景 이다. 이런 그림을 「호해전경도
湖海全景圖 」라고 하는데 여기에는 파도가 모래를 끌어다가 만든
사구와 석호, 그리고 바다가 함께 모습을 보인다.
　겸재의 「시중대 侍中臺 」도는 달밤에 바닷가 호수에서 뱃놀
이하는 모습을 바라본 그림이다. 둥근 달이 바다 위로 떠올라
호수에 달빛이 가득하고 물안개가 호수 저편 학학대 化鶴臺 의

모습을 서서히 지우는데 호수 한가운데 떠 있는 배 위에서 선비들이 유유히 달빛 아래 풍경을 즐기고 물가 숲속에서는 종들이 나귀와 함께 이들을 기다리고 있다.

「시중대」도에서는 배가 떠 있는 호수 모습이 화면 대부분을 차지하고 있으며 바다의 모습은 멀리 감추어져 있다. 이것은 그림을 보는 이로 하여금 배 안으로 직접 들어가 흥겨운 뱃놀이와 함께 달빛 아래 잔잔한 호수와 송림이 만들어내는 선경 仙境 을 즐기도록 해준다.

이 경우 경관 감상이 배 위에서 이루어지기 때문에 배가 상하좌우로 이동함에 따라 보는 사람과 보이는 경물 景物 의 시각적 관계는 계속 변하고 온몸이 움직이게 되어 격동적인 감흥을 느낄 수 있다.

또한 배 위에서는 수평적으로 무한히 확대되는 공간감과 친수성을 느낄 수 있고, 조망 장소가 주변 지형보다 낮으므로 높이가 장대한 기암괴석이나 절벽 혹은 산등성이를 바라보면 더욱 기이한 감흥을 얻게 된다.

진경산수화의 바닷가 경관에는 중심에 바다가 있으며, 그 가장자리에는 해안선이 있고 그 끝에는 수평선이 있다. 수평선은 바다의 끝이 아니라 무한한 확장을 나타내는 관념의 선이며 잘리지 않은 수평선은 자유로움의 상징이다.

또한 바닷가 경관은 하늘, 구름, 모래사장, 물가, 파도, 바위, 바람, 비 등으로 구성되어 있다. 하늘에는 검은 구름 가득하고 바람은 거칠며 하늘과 바다는 구분되지 않고 바다에는 파도가 세차게 일고 있으며, 파도는 물가에 부딪혀 산산이 부서진다. 부드러운 곡선으로 길게 휘어진 물가에는 우뚝 솟은 기암과 함께 모래사장이 넓게 펼쳐져 있고, 바람과 함께 비가 내려 주위가 어둑하고 차분하다. 이러한 정경 또한 우리 바닷가에서 흥취를 돋우는 모습 중 하나이다.

이외에도 하늘과 바다를 배경으로 일어나는 일출과 일몰, 달과 별 등 천체가 변화하는 모습 그리고 변화무쌍한 날씨 등 자연현상이 바닷가의 특별한 경관을 만들어내고 있다. 특히 시간에 따라 발생하는 천체와 날씨의 반복적인 변화는 바닷가 경관에 리듬감을 준다.

한편 바닷가 경관의 기운은 걷기 등 신체 움직임을 동반하는 다양한 조망 행위의 과정에서 체험할 수 있고 물새 소리, 파도 소리, 조수 소리, 바람 소리, 바람에 나무 우는 소리, 모래를 밟는 소리, 삐걱거리는 뱃소리 등 청각적 체험을 통해 한껏 증폭된다.

또한 바닷바람이 피부에 닿는 감각, 물보라를 온몸에 맞는 감각, 모래밭을 거닐며 발바닥으로 느끼는 감각, 바닷가 햇빛이 피부를 찌르는 감각 등 촉각은 경관을 보다 실감 나게 느끼도록 해주며, 바다 냄새, 해당화 냄새, 해초 냄새 등 자연이 빚어내는 냄새는 더욱 생기를 불어넣어 준다.

특히 바닷가에서 제철 음식을 맛보는 행위는 경관에 깊은 맛을 더해주며 경관 체험과 함께 적당한 가무 음주 행위는 감동을 승화시킨다. 그리고 우리 바닷가 경관에서 빠질 수 없는 것으로서 사시사철 바다와 함께 살아가는 진솔한 삶이 있고 산수의 일부로서 촌락이 있다.

풍경 연구의 전문가인 강영조 교수는 『풍경의 발견』 2005 에서 백사청송이라고 불리는 백사장과 푸른 소나무는 바닷가 경관의 특징을 극적으로 보여주고 있으며, 이런 바닷가 풍경은 대지 위에 살고 있다는 실재감을 준다고 적고 있다. 또한 같은 책에서 강영조 교수는 "이 세상에 아름답지 않은 풍경이 있을 리야 없겠지만 그중에서도 물이 연출하는 풍경은 특히 아름답다."라고 고백하고 있다. 우리 바닷가 경관이 주는 깊은 감흥이야말로 바닷가에 사는 사람들을 위한 천복 天福 이다.

門巖

단원, 「문암(門岩)」도

겸재, 「창명낭박(滄溟浪泊)」도

겸재, 「해금강(海金剛)」도

김종기

독일 훔볼트대학교에서 철학 미학/사회철학 박사학위를 받았다. 상지인문
학아카데미에서 '서양미술과 미학의 창'이라는 제목으로 5년 동안 강의했
다. 올해는 상지인문학아카데미에서 '21세기 동시대 미술 in 부산'에 대한
강의를 하고 있다. 현재 민주공원 관장을 맡고 있다.

기분
감정의 합리성에
대하여

　극작가이자 시인 베르톨트 브레히트는 나치가 정치사상범 명단에 자신을 넣어 추적하자 곧장 망명길에 올랐다. 이 망명은 15년 동안 체코, 오스트리아, 덴마크, 핀란드 등 유럽 각국과 미국으로 이어졌다. 브레히트는 1939년 덴마크에서 「서정시를 쓰기 힘든 시대」라는 시에서 아름다운 것에 대한 감동을 노래할 것인지, 조악한 현실에 대한 분노를 표현할 것인지 갈등하고 있다고 말하면서, 결국 눈앞의 현실이 너무 절박해서 운율을 맞추어 자연을 찬미하거나 사랑을 노래하는 시를 쓸 수는 없었다고 고백했다. 그는 아름다운 사과나무 꽃이 아니라 '분노'를 유발하는 '엉터리 화가'가 시를 쓰게 한다고 말한다.

　　　서정시를 쓰기 힘든 시대 Schlechte Zeit für Lyrik

　　　　　　　　　　　　　　　　베르톨트 브레히트

(전략)

꽃피는 사과나무에 대한 감동과
엉터리 화가에 대한 경멸(분노)이
나의 가슴속에서 다투고 있다.

그러나 바로 두 번째의 것이
나로 하여금 시를 쓰게 한다.

    그에게 분노를 유발하는 엉터리 화가, 칠장이는 히틀러였
다. 젊은 시절 열렬한 화가 지망생이었던 히틀러는 1907년과
1908년 두 번이나 빈 미술대학에 지원했으나 낙방했다. 이 시
기 히틀러가 그린 수채화는 소박한 풍경화 수준으로 19세기 신
고전주의 풍의 그림이었다. 19세기 말에서 20세기 초 시작된 모
더니즘과 아방가르드 미술을 이해하지 못했던 히틀러는 권력을

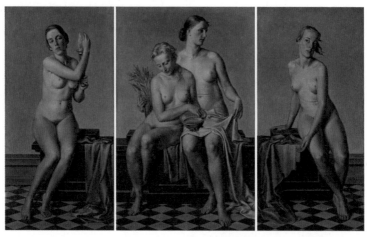

그림 1. Adolf Ziegler, The Four Elements Fire, Earth, and Water, Air, 1937, 170×270cm,
Pinakothek der Moderne, Bayerische Staatsgemaeldesammlungen, Munich. 치글러의
그림에는 안정되고 차분한 감정, 정서가 드러나고 있다. 전통적인 원근법, 모델링, 그라데
이션, 단축법이 잘 활용된 그림을 통해 치글러는 세계의 근원이 되는 4요소를 시각적으
로 형상화시키고 있다. 여기서 여성의 누드는 전통적인 아름다움을 구현하고 있는 듯 보
이는 아우라적 예술작품이다. 발터 벤야민은 아우라적 예술은 관찰자로 하여금 그 예술
에 몰입하여 빠져들고 그럼으로써 세계는 세계로서 그냥 놓아두기를 요구한다고 파악한
다. 아우라적 예술은 관찰자로 하여금 자신만 총체적으로 주목하기를 요구하며 바로 그
때문에 반사회적이다.

잡은 후 독일의 문화예술계를 좌지우지하면서 아돌프 치글러를 앞세워 〈위대한 독일 미술전〉을 기획하였고, 이에 대비되는 〈퇴폐미술전〉을 열어 모더니즘 및 아방가르드 미술작품을 조롱하였다. 그가 특히 좋아했던 그림은 금발의 이상적인 누드 작품이었던 치글러의 「4대 요소」로 자기 집 벽난로 위에 걸어두었다. 반면, 야수파, 표현주의, 다다, 초현실주의, 미래파, 입체파 작품들은 모두 '퇴폐미술'로 치부되어 조롱당하고 축출되고 폐기되었다. 이들의 작품은 비독일적이며, 정신병적이고 불온하며, 사악한 유대 정신이 깃든 것으로 치부되었다.

히틀러와 독일 제3제국 관료들의 눈에는 치글러의 「4대 요소」그림 1 는 합리적이며 이성적인 그림으로서 전통적인 재현

그림 2. Dix, Metropolis, 1927-28, Mixed technique on wood, 181 × 402 cm, Kunstmuseum Stuttgart. 파시스트들에 의해 퇴폐미술로 낙인찍힌 신즉물주의 화가 오토 딕스의 그림이다. 딕스는 전통적인 종교적 제단 삼면화의 형식을 차용해 원근법적으로 왜곡된 형상을 보여준다. 그림의 주제는 현대 도시의 여성성, 퇴폐, 섹슈얼리티이다. 바이마르 공화국에서조차 상이군인들은 국가의 보호를 받지 못하는 허약한 사람이며, 창녀가 된 여성들은 생존을 위해 공격적인 섹슈얼리티를 드러낸다.

의 원리가 잘 이루어진 안정적인 그림인 반면, 오토 딕스의 「메트로폴리스」그림 2 와 같은 그림은 사회의 어두운 면만을 부각하는, 왜곡된 감정이나 정서에 바탕을 두고 있는 불온한 그림일 것이다. 딕스의 그림에서는 전쟁을 일으키고 전쟁에 패배한 후에도 여전히 호화로운 삶을 즐기는 지배층과 국가의 부름에 따라 전쟁에 참여하여 몸과 마음이 상한 상이군인들, 그리고 살기 위해 거리에 나서야 하는 여인들과 같이 국가를 위해 희생되었음에도 국가로부터 어떠한 보호도 받지 못하는 민중들의 모습을 보여준다.

치글러의 그림은 이성적이며 합리적인 신고전주의 형식을 통해 전통적 아름다움을 보여준다. 그러나 딕스의 그림은 현대 사회의 비합리적이며 비이성적 모습에 대해 강한 비판적 정서, 감정을 드러내며, 전통적 아름다움과는 거리가 있는 이미지를 보여주고 있다. 전자가 차분히 가라앉은 감정을 보여준다면, 후자는 격렬하게 끓어오르는 감정을 드러낸다. 만일 감정에도 합리적인 토대가 있다면 어떤 그림이 더 합리적인가? 그리고 그 근거는 무엇인가?

포스트모더니즘이라는 사조가 전 세계를 강타했을 때, 그것이 비판했던 것은 아도르노와 호르크하이머와 같은 비판이론 1세대가 수행한 것과 마찬가지로 근대적 합리성이 초래한, 가공할 억압과 소외를 야기한 현대 문명이었다. 비판이론 2세대의 대표자로서 하버마스가 이에 대해 내놓은 답변은 이성, 합리성이 아직 미발달했기 때문이라는 것이었다. 그는 마르크스, 루카치, 비판이론 1세대 등이 제시하고 비판한 이성, 합리성을 목적합리성이라 규정한다. 목적합리성이란 주어진 목적을 달성하기 위해 가장 효율적이고 능률적인 수단을 선택하는 합리성이다. 이 합리성은 주어진 목적을 이루는데 어떤 것이 가장 효율적이며 능률적인가를 판단하는 계산적 합리성이다. 여기서 인간은 단지 목적을 이루는 데에 도구적으로 이용될 뿐이다. 이것이 아도르노와 호르크하이머가 말하는 도구적 합리성이다. 그렇지만 하버마스는 목적을 이루기 위해 능률성과 효율성보다 공동체 구성원 전체의 동의나 합의를 중시하는 합리성이 있다고 말하면서 그것을 '의사소통적 합리성'이라고 말한다. 그리하여 하버마스는 근대적 합리성이 초래한 현대 문명의 병폐는 더 높은 합리성, 즉 의사소통적 합리성, 의사소통적 이성을 도입함으로써 해결될 것이라 본다. 문제는 이성이 너무 발달해서가 아니라, 아직 미발달했기 때문이다. 이러한 점에서 하버마스는 여전히 서양 형이상학의 전통에서 이성주의 전통을 지키는 사상가라 할만하다.

그러나 포스트구조주의, 포스트모더니즘의 사상가들이 포착하는 문제는 이성에 의해 야기된 '이성의 타자들'에 대한 억압이었다. 데리다가 보기에 서구의 이성주의는 이성중심주의, 서양 중심주의, 백인 중심주의, 남성 중심주의였다. 그리하여 그들이 주목하고자 하는 것은 이성에 의해 억압된 '이성의 타자'들이었다. 하버마스와 달리 푸코, 데리다, 들뢰즈, 리오타르 등이 포스트구조주의 사상가들은 이성 자체가 문제의 근원이므로 이성이 억압한 '이성의 타자'들을 복원하여야 한다는 것이었다. 따라서 이성에 의해 배제되고 억압된 감성적인 것들, 감각적인 것들, 정신에 의해 억압된 신체 또는 몸의 중요성이 포착되며 감성, 비서구, 유색인종, 여성 등이 제 목소리를 내게 되면서 차이와 다양성이 중시되었다. 이러한 흐름에서 공통적인 것은 바로 비이성적인 것, 비합리적인 것, 비논리적인 것에 대한 새로운 발견이었다. 이성에 억압된 '이성의 타자'들이 더 해방된 사회로 나아갈 주춧돌이라는 관점, 이것이 바로 포스트모더니즘, 포스트구조주의의 입장이었다. 이들은 차이와 다양성에 주목하면서 모든 것을 포괄하는 보편적 진리, 본질 등을 '거대서사'라 치부하며 부정한다.

현재 동시대 역사의 흐름은 포스트모더니즘, 포스트구조주의 지식인들이 이와 같이 보편적 진리, 객관성, 영원한 도덕적 가치, 역사의 진보 더 나아가 전 지구적 정치와 같은 거대 서사를 거부하는 가운데, 중국과 러시아를 포위하여 세계 패권을 유지하려는 미국의 세계전략 속에서 미국이 전 세계에서 동맹국을 규합하는 방식으로 새롭게 '전 지구적 서사'를 써나가고 있다. 현재 미국은 신자유주의 세계화의 틀 속에서도 보호주의, 미국 우선주의를 취하면서 자유무역 체제를 흔들어가며 자국의 이익을 극대화하려 하고 있다. 따라서 이글턴 Terry Eagleton이 말하고 있는, 포스트모더니즘은 "끝에 다다른 듯하다"라는 선언적 명제는 자본주의의 이러한 광기에 정면으로 맞서지 못하고 끝없이 자기 회의와 자기 부정에만 골몰하는 포스트모더니즘의 무력함에 대한 것이라 할 수 있다.

실상 이성, 합리성에 대한 저항은 포스트모더니즘이 처음 수행한 것이 아니다. 19세기 말 20세기 초 '모더니즘'이야말로 근대 과학기술문명과 산업화 및 자본주의적 발전과 함께 만연한 소외를 목격하고, 그것을 야기한 이성주의, 합리주의에 반발하여 비합리적인 것, 비이성적인 것에 주목한 운동이기도 하였다. 그러나 그것은 하버마스가 '근대성의 기획' Projekt der Moderne 이라고 말하는 것에서 알 수 있듯이 과학의 객관성, 법과 도덕의 보편성, 예술의 자율성을 각자 그 영역에서 발전시켜 사회를 '이성적'으로 확립하고자 하는 것이었다. 다시 말해 다양한 영역에서 발현한 모더니즘은 궁극적으로는 사회를 더욱 합리적으로 발전시키고 재구성한다는 '진보적' 목적의 토대 위에서 그러한 운동을 수행한 것이었다. 그렇지만 포스트모더니즘은 인간의 해방이라는 관점에서는 모더니즘과 동일한 목표를 추구한다 하더라도 그것이 기반하고 있는 토대는 모더니즘과 다르다.

다시 기분이라는 우리의 주제로 돌아가 보자. 기분 또는 감정과 같은 비이성적, 비합리적 요소에 대해 주목하는 것은 포스트모더니즘의 유행 이후에 보편화된 현상이라 할 수 있다.

보통 우리는 이렇게 말한다. "너랑 함께 있으니 기분이 너무 좋아", 또는 "저 사람을 보니 기분이 너무 나빠." 이런 일상의 언어 용법에 따른다면, '기분'은 나에게서 생기기는 하지만 그 유발 요인은 나를 둘러싼 대상이나 환경이다.

실제로 사전적으로 '기분'은 "대상·환경 따위에 따라 마음에 절로 생기며 한동안 지속되는, 유쾌함이나 불쾌함 따위의 감정"이라 정의되어 있다. 이 정의에 따르자면 기분은 '감정'의 일종이다. 또한 마음에 '절로' 생긴다는 것은 그 감정이 어떤 반성이나 논리적 과정을 거치지 않고 즉각적으로 일어난다는 것을 말한다.

요컨대 기분이란 나에게서 일어나는 어떤 감정이지만, 그것은 나를 둘러싼 환경이나 대상에 의해 유발된다는 것이며, 또한 이성적이거나 합리적인 논리적 반성 과정을 거치지 않은 채 내 안에서 즉각적으로 발생하는 감정이라는 것이다.

기분은 영어로 mood, 독일어로 Stimmung이다. 영어 mood는 어떤 사람이 느끼는 방식, 어떤 개인의 감정 상태를 의미하며, 독일어 Stimmung도 마찬가지이다. 여기서 알 수 있는 것은 기분이 특정 개인의 감정 상태를 주로 나타내는 말이라는 사실이다. 또한 우리가 무드mood 라는 말을 일상에서 사용할 때, 그것은 많은 사람에 의해 공유되는 태도 또는 감정이기도 하다. "가만있어 봐 무드 좀 잡고 할게"라고 말할 때, 이 무드, 기분은 사람들 사이에 공유되는 감정 또는 느낌을 만든다는 것을 의미한다.

니체는 자신의 책 『우상의 황혼』 가운데 「철학에서의 이성」이라는 절 節 에서 소크라테스로부터 칸트에 이르는 서구 형이

타인

상학의 이성주의, 본질주의 전통을 비판하면서 철학자들의 특이 성질을 "역사적 감각의 결여, 생성이라는 표상 자체에 대한 그들의 증오, 그들의 이집트주의"라고 비판한다. 이 철학자들은 "개념의 우상 숭배자들"이다. 이들은 감각이 우리가 세계의 참된 모습을 인식하지 못하도록 속인다고 본다. 따라서 감각의 토대가 되는 몸을 버려야 하고, 감각의 고정관념을 버려야 하며, 오로지 이성적 사유, 개념적 사유만을 통해서 대상의 불변적인 본질, 진리를 포착할 수 있다.

그러나 니체는 이 세계에는 어떠한 원형 archetype , 불변적 동일성, 본질도 없다고 말한다. 세계의 모든 나뭇잎 가운데 어느 것도 다른 것과 똑같지 않다. 불변적 '동일성'은 한갓 머릿속에서 만들어낸 허구일 뿐이다.

플라톤적 이원론에 따르면, 세계는 이데아계와 현상계로 나뉜다. 이데아계는 불변의 동일한 이데아들이 존재하는 곳이며, 현상계는 항상 생성하는, 즉 변화·발전·소멸하는 사물들의 세계이다. 이렇게 세계를 둘로 나누면, 불변의 본질적인 것들로 구성된 이데아계가 항상 변화·발전·소멸하는 현상계보다 더 우위에 있다는 위계가 생긴다. 변치 않는 이데아들은 현상계의 사물들보다 더욱더 진리에 더 가깝고, 더 도덕적이며, 더 아름답다. 이리하여 이들 형이상학자는 이러한 세계관에 물든 인간으로 하여금 삶에서 영원불멸하며 완전한 '배후세계'에 집착하게 만들며, 생성과 소멸의 과정을 겪는 현세의 인간 삶을 부정하게 만든다. 그리고 인간을 정신과 육체의 통일체로 보지 않고, 정신을 더 우위에 두고, 몸을 경멸하게 한다. 이러한 플라톤적·기독교적 이원론적 세계관은 영원히 불변하는 내세를 위해 생성·소멸하는 무상 無常 한 세계인 현세와 현실의 삶을 부정하게 한다.

이러한 변치 않는 본질, 동일성이 머릿속에서 지어낸 허구이며, 불변의 영원한 세계라는 배후세계가 또한 한갓 관념 속에서만 존재하는 것이라면, 우리에게 감각적으로 경험되는 세계가 세계의 전부일 수밖에 없다. 진정한 모든 존재자는 현상계에 있는 존재자들이며 그들의 진정한 모습은 무상 無常 함 다시 말해 변화, 발전, 소멸, 즉 생성되는 데에 있다. 이 때문에 세계의 모든 존재자는 실재하지 않는 불변의 동일자에 비교되어 무시되거나 멸시되지 않으며 그 자체로 존엄한 존재자들이다. 이것이 니체가 말하는 '생성의 무죄' Unschuld des Werdens 이다. 이렇게 되면 우리는 신체를 통해 감각적으로 경험하는 이 현실세계에 의미를 부여할 수 있고, 그것을 자체로 긍정할 수 있게 되는 것이다. 이렇게 니체에 의해 우리는 정신 또는 영혼에 의해 무시되고 경멸되던 몸 또는 신체를 다시 긍정할 수 있게 되었고, 이성에 억눌린 '이성의 타자', 즉 감성과 감각을 긍정할 수 있게 되었다. 바로 이 점이 니체 철학의 위대한 점이다. 이러한 점에서 니체는 포스트모더니즘, 포스트구조주의의 사상적 토대이다.

여기서 다시 포착해야 할 것은 그와 같은 비이성, 비합리가

타인

무엇을 의미하는가 하는 것이다. 우리가 감성과 감각을 다시 우리의 중요한 대상으로 받아들여 인간과 세계를 해석하고자 할 때, 중요한 것은 무엇인가? 어디에서든 예컨대 어느 지역에서든 어느 민족에서든 그 민족의 정서와 감정은 존중되어야 할 것이며, 어느 누구든 개인의 정서와 감정은 무시되어서는 안 될 것이다. 그렇다면 나의 정서와 감정은 나와 관계 맺고 있는 주변의 인간관계, 또는 내가 속해 있는 다양한 조직, 공동체와 무관한가?

칸트는 『판단력비판』에서 '취미' Geschmack/taste 를 쾌·불쾌의 감정에 따라 판정하는 능력이라 정의한 바 있다. 이 독일어 'Geschmack'과 영어 'taste'는 미학에서는 '취미'라 번역하며 다른 분야에서는 보통 '취향'이라 번역한다. 따라서 취미와 취향은 같은 의미에서 매우 주관적인 것이다.

가령 내가 해산물을 싫어하고 육류를 선호하는 것은 나에게 특유한 주관적인 현상이다. 그렇지만 이 취미, 취향에서조차 어떤 공동체적인 것, 또는 보편적인 요소가 들어있다. 말하자면 바다와 멀리 떨어진 내륙에 사는 사람들은 해산물보다 육류를 더 즐겨 먹고, 바닷가 사람들은 육류보다 해산물이 더 익숙할 가능성이 높다. 거기에는 나의 경험 또는 내가 처한 환경, 또는 내가 가진 기질 등이 그 바탕에 있는 것이다. 칸트의 '취미판단' Geschmacksurteil 은 바로 이것을 말하고 있다. 내가 어떤 것을 아름답다고 판단할 때, 그것은 극히 주관적인 판단이다. 그러나 특정 시기 특정 영역에서 나는 그것을 아름답다고 판단할 수 있는 어떤 보편성의 토대에 있다. 이 토대를 칸트는 공통감 Gemeinsinn 이라 말한다. 이 공통감은 영어의 'common sense'를 독일어로 옮긴 말이다. 우리는 이 'common sense'를 상식이라 번역하는데, 실상 그 본래 의미는 공통적 감각이라는 말이다.

감각 sense 은 감각기관을 통해 우리의 신체에 가해지는 자극을 수용하는 능력이다. 따라서 감각은 직접적이며, 반성이나 성찰의 과정이 이루어지기 이전의 인식이다. 예컨대 어떤 것의 색이나 모양은 우리에게 개념적 사유가 작동하기 전에 직접적으로 포착되는 것이다. 나아가 그것이 나에게 즐거운 쾌감이나 괴로운 불쾌감을 일으킨다 할 때, 그 감각은 나와 유사한 경험 또는 삶의 바탕을 공유하고 있는 사람들 사이에서 공유되는 감각이다. 이것이 칸트가 말하는 공통감이며, 이것의 다른 표현이 상식인 것이다. 따라서 공통감, 또는 상식은 논리적 추론이 있기 전에 직관적으로 우리에게 주어져 있는 것이다. 그리고 이 감각으로부터 발생하는 것이 또한 감정 Emotion 이다. 감각에 기억이 더해지면 감정이 된다. 칸트의 '공통감'이나 통상의 '상식'에는 감각의 측면과 감정의 측면이 동시에 들어있다 할 수 있다. 그리고 감정을 자각하거나 의식하는 것이 느낌 feeling 이다. 우리가 말하는 기분에는 감각, 감정, 느낌의 요소가 포괄되어 있다.

이 기분은 주관적인 것이다. 왜냐하면 기분은 어떤 개인의 감각, 감정, 느낌이기 때문이다. 그러나 이 기분은 또한 오랜 시절 어느 공동체의 구성원들이 비슷하게 경험하고 체험한 것에서 나오기 때문에 보편적인 특성을 가진다.

내가 과거를 부정하며, 위안부 강제연행, 노동자 강제징용 자체를 부정하는 일본에 대해서 느끼는 이러한 감각, 감정, 느낌이 우리의 공통감이며, 우리의 공통감은 우리 공동체의 체험으로부터 나오는 것이다. 그것은 감정적인 것이지만 그저 비합리적인 것이 아니라, 공동체에 기반한 상식적인 것이다.

지금 36년의 식민지배에 대해서 진정한 사죄와 반성이 없는 일본, 또한 국익을 운운하면서 그러한 일본에 면죄부를 주고자 하는 정치인들에 대한 나의 분노, 나의 감정, 나의 기분은 우리 공동체가 겪은 역사적 체험에 기반한 합리성을 가지고 있는 것이다.

나의 기분은 주관적이지만, 또한 우리 동시대의 정서를 반영하는 객관적 측면도 가지고 있다. 객관적이라는 말이 좀 과하다 한다면, 하버마스의 용어를 빌려 말해 상호주관적 intersubjektiv 인 측면을 가지는 것이다. 이것이 기분과 감정의 합리성이라 할 수 있을 것이다.

기분과 감정은 바로 그 때문에 비합리적인 측면을 가진다. 어느 특정 집단 또는 공동체가 오랜 기간 왜곡된 정보에 노출되어 특정 신념이나 이데올로기에 물들어 있다면, 그 공동체에 속한 개인의 기분과 감정은 비합리적일 가능성이 매우 높다. 과거 나치의 선전상 괴벨스의 선전 선동에 누출된 독일의 시민이 그랬던 것처럼. 따라서 중요한 것은 반성적 능력, 성찰적 능력이다. 반성, 성찰은 '나'와 '우리'를 대상화시켜 타자의 위치에 놓고 고찰하는 것이며, 또는 타자의 시각으로 나와 우리를 고찰하는 것이다. 그 속에서 나와 우리는 본래의 나, 우리가 아닌 것을 잘라내고 진정한 나와 우리로 거듭날 수 있다. 나의 감정과 기분은 나의 주관적인 것이기는 하지만 분명 공동체에 기반한 합리성을 가질 수 있다. 그것이 또한 합리성을 유지하려 한다면 무엇보다 나는 나 자신과 공동체를 돌아보는 성찰적 의식을 가져야 하는 것이다.

고야 Francisco Goya, 1746-1828 는 인간의 삶을 추동하는 힘은 이성적인 것뿐 아니라 비이성적인 것도 있다고 본다. 비이성적인 힘이 폭력과 광기가 되어 나와 타자를 억압하는 것이 되지 않게 하기 위해 필요한 것은 끊임없는 자기성찰 또는 반성일 것이다.

Goya, 이성이 잠들면 괴물이 깨어난다, 1799, Etching and aquatint, 21.2 x 15.1 cm, The Metropolitan Museum of Art.

고야는 이 불길한 이미지에서 인류의 어두운 전망을 보여준다. 한 남자가 책상 위에서 엎드려 잠이 들었고, 사방에서 박쥐와 부엉이가 위협하고 살쾡이는 눈을 크게 뜨고 깨어있다. 남자의 허리춤 뒤의 동물은 다른 동물을 덮치려 노려보는 듯, 우리를 응시하고 있다. 고야는 계몽주의가 밝히지 못하고 모호하게 남겨둔 모든 것을 탐색했다. 그는 인간에게는 이성 못지않게 인간의 삶을 조종하여 폭력, 광기를 표출시키는 비이성적인 힘이 있음을 보여수고자 했다.

조재휘

영화평론가로 씨네 21 필진이자 국제신문에 영화 칼럼을 연재 중이다. 영화 〈아가씨〉 2016 메이킹 북 『아가씨 아카입』을 집필했고 전주국제영화제, 부천국제영화제 모더레이터, 부산국제영화제 대중화위원회 POP-COM 진행위원, 영화진흥위원회 영화제 평가위원 등 영화와 관련된 여러 분야에서 활동 중이며 2020년 『시네마 리바이벌』을 펴냈다.

공기의 영화,
K의 기분

　　일본어에서 관용적으로 쓰는 표현 중에 '공기를 읽다' 空気を
読む, 혹은 '공기를 읽지 못하다' 空気を読めない 라는 말이 있다.
번역하기 다소 애매하지만 이 말은 보통 옮겨지듯 주변의 분위
기나 상대방의 기분을 살피고 헤아리는 일상적인 차원을 포괄
할 뿐만 아니라, 더 나아가 그 이상의 심층적인 함의를 가진다.
언어로는 표현할 수 없는, 논리적으로 설명할 수는 없지만 어떤
상황과 공간에 처했을 때 직관적으로 감지하게 되는 어떤 근본
적인 기분. 평론가로 일본사회에 대한 여러 가지 일리 있는 분
석을 제시해 온 야마모토 시치헤이 山本七平 : 1921~1991 는 그의
저술 「공기의 연구」 空氣の研究 에서 이 '공기'에 대한 다각적이고
도 심층적인 접근을 보여준다.

　　공기란 장소와 상황의 분위기, 상대방의 기분 등을 설명하
는데 그치는 단순한 어휘가 아니다. 이를 설명하기 위해 저자는
'임재감적 臨在感的 파악'이라는 개념을 제안한다. 그에 따르면
공기란 물질적이고 직접적인 현실의 층위에서 드러나지 않는,
비가시적이지만 사물의 배후에 깃들어 자리 臨在 하며 거스르기
어려운 영향력의 존재를 뜻한다. 실체가 바로 드러나 보이진 않
지만 현상의 이면에서 분명히 작용하고 실제적인 힘을 행사하

는 그 무언가. 그리고 그러한 공기를 믿고 의식하는 심적 태도
는 "저항하는 사람을 이단시하고 '공기를 거역한 죄'로 사회적
으로 매장시킬 정도의 힘을 가진 초능력"이라 할 위력을 가지며
사회 구성원의 행동을 제약하고 구속한다.

그러므로 공기란 시대의 대세, 일종의 패러다임 paradigm 으
로 정리될 수 있을 것이다. 그것은 공동체 구성원의 내면에 보
편적 심성으로 깊숙이 심어지고 일체화된 나머지, 감히 그것을
거스를 생각조차 할 수 없고 어떠한 객관적 분석의 대상으로 바
라볼 수도 없다. 우리 주변의 일상에서도 이러한 공기의 흐름
을 보여주는 사례는 차고 넘친다. 요컨대 남에게 훈수를 두면서
'철이 들어라' 내지 '똑바로 살아라'라고 할 때, 그 말에는 소수의
예외를 허락하지 않고, 사회 다수의 평균과 표준에 맞추어 삶의
형태를 바꾸라는 동조화 同調化 내지 동조압력 同調壓力 의 강제
성이 담겨있기 마련이다.

예를 들어 명절이 돌아올 때마다 친척 어르신들은 결혼을
하고 가정을 꾸려야 한다, 어떤 직장을 가져야 한다는 유의 말
을 조언이라는 구실로 손쉽게 던지곤 한다. 그 말들에는 정작
중요한 당사자의 행복과 삶의 실제에 대한 어떠한 고려와 배려
가 없지만, 그럼에도 그것은 너무나 당연한 선험적 명제로 받아
들여지는 것이기에 매해마다 어김없이 빠지지 않는다. 그리고
듣는 이는 자신의 처지가 그 말이 지시하는 사회적 통념에 부합

되는가 아닌가의 여부를 두고 압박감에 심적 부담을 느낀다. '공기의 지배'란 바로 이러한 식으로 이루어지며, 의식적이건 무의식적이건 공기의 지배 아래서 인간은 그저 '신에 의해 허공에 던져진 돌멩이'스피노자 에 지나지 않게 된다.

〈아마겟돈 타임〉 2022 과 〈살인의 추억〉 2003
공기의 지배를 보여주는 방식

제임스 그레이의 근작 〈아마겟돈 타임〉 2022 은 눈에는 가시적으로 잡히지 않는 '공기의 지배'가 어떻게 현실에서 사람들의 삶을 속박하는지를 잘 보여준다. 영화는 재현된 역사의 한 시기, 시대 속을 살아가는 인간 군상의 일상성을 재현하고 포착하는데 주력한다. 영웅이 아닌 평범한 소시민들을 주인공 삼으며, 영화는 작위적인 사건과 극적인 전개, 손쉬운 재미와 일체의 흥분을 배제한 채 담담한 태도로 삶의 세부에 깃들어진 공기의 미묘함에 집중할 것을 관객에게 요구한다. 감독 자신의 성장기 경험을 재구성한 것이라고 고백한 이 영화는 2차 대전 때 미국으로 건너 온 러시아계 유대인 이민자 가족의 이야기이다.

본래 라비노위츠라는 성을 쓰던 폴의 할아버지는 미국 사회에 정착하면서 본래의 성을 버리고 그라프라 개명한다. 배관공 일을 하면서 집안의 생계를 책임지는 아버지는 자식의 행동거지를 고친다는 명목 하에 폭력과 분노의 표출을 서슴지 않는다.

〈아마겟돈 타임〉(2022)

제임스 그레이는 자신의 유년기를 돌아본 자전적인 영화 〈아마겟돈 타임〉(2022)을 통해 1980년대 미국 사회에 감돈 분위기, 즉 '공기'를 돌이켜본다. 3대에 걸친 한 이민자 가족의 행적을 따라가면서, 관객은 인물을 통해 표현되는 시대의 진정한 얼굴을 마주하게 된다.

타입

어머니는 자상하지만 학업은 뒷전이고 말썽부리는 데 골몰하는 폴의 비행에 골머리가 썩는다. 폴은 흑인 친구 존과 마리화나를 피는 비행을 재미삼아 저지른 탓에 벌을 받고는, 강제로 형이 다니는 명문 사립학교 큐 포레스트 스쿨에 입학한다. 강당에 모인 학생들은 도널드 트럼프의 누나인 메리 트럼프의 연설을 들어야 한다.

위태위태하게 중산층 언저리에 편입한 가족의 욕망은 트럼프 가문과 같은 상류사회의 반열에 진입하는 것이고 그래서 없는 살림에도 두 자식들을 학비 비싼 명문 사립으로 보낸다. 이 시대에 팽배한 구시대적 권위와 가부장주의는 폴의 아버지를 통해 여실히 드러난다. 인종주의가 만연한 미국 사회의 분위기는 이 가족도 예외는 아니어서 인종차별의 표적이 되는 일을 피하기 위해 유대계의 정체성을 감추고 성을 바꾸지만, 정작 아버지는 '칭챙총' 아시아인을 비하하는 은어 같은 언사를 입에 담는가 하면 폴을 전학시켜 흑인 친구와 강제로 떨어뜨리는 등, 유색인종에 대한 우열과 차별의식으로 극렬한 모순을 보인다. 한 가족의 흘러가는 일상을 나열했을 뿐이지만 〈아마겟돈 타임〉은 80년대를 복기하며 미국인 보편의 삶과 욕망, 습속과 이데올로기, 달리 말해 미국 사회에 감도는 '공기'가 어떠한 성질의 것이었는지를 한 가족의 풍경에 함축해두고는 적나라하게 해부하고 들춰낸다.

〈살인의 추억〉(2003)
'화성연쇄살인사건'을 소재 삼은 봉준호의 〈살인의 추억〉(2003). 범인을 추적한다는 목적은 사실 일종의 맥거핀(Macguffin : 중요한 것처럼 등장하지만 실제로는 줄거리에 영향을 미치지 않는 극적 장치)에 지나지 않는다. 중요한 건 장르의 줄거리를 핑계 삼아 보여지는 시대의 풍경이며, 그 시대의 '공기'야 말로 진짜 범인이었다고 감독은 말하고 있다.

동시대의 한국을 시공간적 배경으로 삼는 봉준호의 〈살인의 추억〉 2003 역시 당대 한국 사회 전반에 감도는 '공기'를 민감하게 포착한 영화이다. 〈살인의 추억〉은 범죄스릴러 영화의 전형적인 플롯 전개 방식을 벗어나지 않는다. 사건이 발생하고, 경찰에 비상이 걸리자, 출동한 형사들은 단서를 수집하고 탐문수사를 하면서 범인의 정체에 다가서고자 한다. 그러나 연출가로서 봉준호가 지닌 대가로서의 면모는 이러한 전형적인 플롯에 머물면서도 서사작법과는 다른 차원에서 '서사의 기능적 지분을 넘어서는 잉여를 창조' 김영진 영화평론가 해낸다는 점에 있다.

화성연쇄살인사건의 범인이 누구인가를 쫓는 추적의 과정은 익숙한 서사의 틀 안에 머무는 안도감과 더불어 미스터리의 긴장감을 유지하는 장르적 어트랙션으로 기능한다. 그러나 눈썰미 있는 관객이라면 "이야기는 단지 무언가를 보여주기 위한 핑계" 로베르 브레송 일 뿐, 진정 중요한 건 시대상의 디테일이라는 걸 눈치챘을 것이다. 사건의 목격자이지만 발달장애로 언행이 온전치 않은 백광호를 용의자로 몰고 종국에는 열차 사고로 잃는 건 폭압적인 권력의 행태 =경찰 에 의해 입 닫고 귀 닫은 무지렁이 상태가 되도록 강요받았던 민중 =백광호 에 대한 내밀한 은유가 된다.

범인을 잡지 못한 수사관들의 무능은 문자 그대로의 무능이라기보단 그들을 그런 식으로 움직이도록 키우고 길들인 시대의 분위기, 즉 공기에 따른 귀결이었음을 영화는 여러 군데에서 넌지시 내비친다. 수사는 사건의 진실을 밝히는 것보다는 범인의 검거라는 목표를 형식적으로 달성키 위한 요식행위에 지나지 않고, 범인은 찾아지는 것이 아니라 만들어지는 것이라는 식의 엉터리 수사방식이 버젓이 용납된다. 범행이 벌어지는 밤에 목격자가 거의 드물었던 건 반공주의 기조의 공안정국이었던 당시 민간의 조명 활용을 제한한 등화관제 탓이 컸고, 수사에 투입할 경찰 인력이 턱없이 부족했던 건 시위 진압을 위해 그쪽으로 인력이 대거 차출되었다는 정황 또한 스쳐 지나가듯 짤막하게 제시된다.

한국의 근대화 과정은 권력구조 자체를 지키는데 몰두 부실수사와 시위 진압 한 나머지, 구성원인 국민의 복지와 안전을 도외시 등화관제 하거나 급격한 근대화의 부작용과 비용을 국민에게 떠넘기는 무책임한 행태로 점철된 역사였고, 33년 동안이나 미제사건으로 남아야 했던 화성연쇄살인사건의 범인은 그러한 시대의 어둠 속에서 마음껏 활개칠 수 있도록 용인받았던 셈이다. 그러기에 과거 피해자 시신을 발견했던 장소를 다시 들른 박두만 형사의 얼굴을 클로즈업하는 엔딩은 '그로서 인격화되고 함축되는 시대의 공기야말로 진짜 범인이 아니었는가?' 하는 의미심장한 메시지로 다가온다. 한국식 근대화의 폭력성, 무책임한 국가상과 안전망 없는 사회의 공포라는 봉준호의 주제의식은 이후 현대를 배경삼는 〈괴물〉 2006 과 〈마더〉 2009 로 연연히 이어진다.

〈아마겟돈 타임〉과 〈살인의 추억〉. 이 두 영화를 보면서 어딘가 씁쓸함을 느낀다면, 그건 현대를 사는 사람의 상식과 가치관, 관점에서 객관화의 거리를 두고서 과거의 사회상으로 바라보기 때문일 것이다. 인간 실존은 외부 환경의 영향과 무관할 수 없고, 따라서 우리 욕망과 행동은 시대의 무의식과 본질을 내포한다. 그러므로 시대 자체가 하나의 거대한 캐릭터이며 진정한 주인공이다. 공기의 탓이라는 말로 돌린다면 실행자들의 책임을 회피하는 비겁한 알리바이 「공기의 연구」에서 저자는 일본의 패전과 천황제에 관한 언급을 통해 이 점을 지적한다. 가 될 수 있겠지만, 일단 영화 속에서 개별 인물에게 선악을 묻는 건 무의미하다. '많은 이들은 각오가 아니라 우둔함과 익숙함으로 이걸 견딘다'는 라 로슈푸코의 「잠언록」의 한 구절처럼, 대개 사람들의 행동은 환경에 순응해 몸에 배인 습속과 관성에 의해 이뤄지기 마련인 까닭이다. 따라서 한 시대의 인간을 관찰한다는 것은 그 시대의 무의식 공기 을 발견하는 일, 시대의 '공기를 읽는' 일이 된다.

K-콘텐츠에 감도는 '공기'

돈과 생존, 절멸과 공포의 세계관

잠시 다른 방향으로 화제를 지금 바로 여기, 우리 시대를 다루는 영화들로 돌려보자. 현재 세계적으로 유행을 선도하고 있다는 K-콘텐츠, 한국 영화와 드라마의 현주소를 돌아볼 필요가 있다. 자랑스레 내세우는 해외영화제 수상 이력 또는 대대적인 상업적 성공, 넷플릭스 세계 1위라는 식의 성취를 수식어는 잠시 접어두고, 그것이 담고 있는 내용의 본질과 실체가 무엇인가를 되물어야 할 시점에 온 것이 아닌가 싶어진다.

공교롭게도 오늘날 K-콘텐츠라 칭해지는 영화 내지 드라마에는 일관되게 흐르는 서사의 공통된 기류가 있다. 봉준호의 〈기생충〉 2019 은 지금 여기서 더 삶이 나락으로 떨어질지 모른다는, 계급구조 내에서의 추락이라는 잠재적 현실에 대한 공포와 그럴수록 반비례하듯 강해지는 신분 상승에 대한 욕망, 돈과 계급, 이기심과 폭력의 모티브를 그린다. 분명 〈기생충〉은 영화적 기법의 측면에서도 세련된 세공품이지만, 만일 영화가 현대를 살아가는 사람들이 공통적으로 느끼는 어떤 '기분', 시대의 '공기'를 건드리지 않았다면 그와 같은 국제적 성공에까지 이르진 못했을 것이다. 그리고 뒤를 이어 넷플릭스 드라마로 〈오징어 게임〉 2021 이 도착했다. 현실에서 몰락의 위기를 안고 있는 인물들이 생존과 돈을 위해 인공적으로 세팅된 우화의 세계 속에서 꼭두각시처럼 움직인다는 점에서 이 드라

타율

〈오징어 게임〉(2021)으로 대표되는 넷플릭스발 한국 컨텐츠, 이른바 'K-컨텐츠'의 상당 수는 신분 상승에 대한 욕망, 돈과 계급, 이기심과 폭력의 모티브를 그린다는 점에서 공통된다. 'K-컨텐츠'는 당대 한국인들이 느끼는 시대에 대한 정서적 리얼리티, 즉 '기분'의 반영이자 투사의 결과물이다.

마는 〈기생충〉과 세계관을 공유하면서 다른 변주를 본 듯한 묘한 기시감을 느끼게 한다.

코로나가 발생하기 전, 극장가에서 천만 흥행을 달성한 〈극한직업〉 2018 에서 관객은 힘든 경찰 일보다 위장 수사를 위해 가장한 치킨집이 성업하는 상황의 아이러니에 정서적으로 반응하고 환호했다. 웃음을 추구하는 코미디라지만 여기에는 일종의 윤리적 함정이 있다. 경찰이라는 본업, 합법의 영역 안에서 치르는 정당한 노동으로는 애당초 합당한 대가를 받을 수 없고, 그러기에 탈법적인 수단으로 대박을 꿈꾸게 된다는, 부지불식간에 암묵적으로 공유하고 합의하게 된 모종의 전제. 윤종빈의 〈수리남〉 2022 과 강윤성의 〈카지노〉 2022 는 현실적인 배경에서 범죄 느와르의 장르적 전형을 펼쳐내지만 여기서도 돈은 가장 중요한 동인 動因 이다. 그것만이 단란한 가정이든, 승승장구하는 마약왕이나 도박사든 더 나은 삶에 대한 유일한 보장이며, 팔자를 고치려면 쥐꼬리만 한 임금 수준이 아닌 일확천금의 대박이 필요하다. 그래서 돈을 지배하기 위해 판에 뛰어든 이들은 역으로 돈에 의해 조종당하는 인형이 되어버린다. 이러한 K-느와르의 세계에서 인간관계의 유대감과 연대의 가치는 신뢰할 수 없는 것이며 일시적인 수단에 지나지 않는다.

돈과 계급 상승을 추구하는 인간형이 공유되는 현상의 이면에는 작중 인물의 배경 설정대로 무너져가는 현실을 목전에 둔 개인들의 내밀한 불안과 사회적 공포가 깔려있음은 물론이다. 그리고 이와 같은 몰락에 대한 상상, 시스템에 대한 신뢰감의 부재와 위협받는 생존에의 공포는 다른 한 편으로 이기적인 인간형과 공동체의 붕괴, 그리고 충동적인 죽음의 스펙터클을 잇달아 반복 재생산하는 또 다른 흐름을 만들어낸다. 좀비 아포칼립스의 한국화를 보여준 연상호의 〈부산행〉 2016 에서 감염된 이웃이 순식간에 좀비로 변해 달려드는 파국의 외적 스펙터클은 일신의 안전만을 도모하는 악역들의 행적과 맞물리며 공동체의 붕괴라는 내적 붕괴로까지 이어진다. 〈스위트 홈〉 2020 과 〈지금 우리 학교는〉 2022

타운

〈부산행〉(2016)은 이후, 영화와 넷플릭스 드라마를 막론하고 대대적으로 유행하게 되는 한국형 좀비물의 원형질이다. 더 이상 소통의 대상이 아니게 된 비인격적 타자로서의 좀비, 그리고 이기적인 인간 군상의 반복 재생산. 이 작품들은 시스템과 공동체의 붕괴라는 상상적 공포를 장르 오락적 스펙터클의 형태로 보여준다.

은 드라마의 형태로 잡아다 늘린 〈부산행〉이다. 그리고 이걸 조선시대로 시공을 바꾸면 〈킹덤〉 2019 이 된다. 이쯤이면 관객으로서 우리는 좀비들이 한때 우리와 같은 인간이며 친구이자 이웃의 관계였다는 걸 잊고 철저히 물화된 적대적 타자이자 서사의 도구로서만 인식하게 된다.

결국 이들은 동일한 주사위의 다른 면들이다. 동일자의 영겁회귀. 이것이 감독과 배우, 장르를 불문하고, 우리가 세계적 성공을 거두었다고 자랑스럽게 내세우는 K-컨텐츠의 실체이다. K-콘텐츠는 거의 대부분, 아니 예외가 없다시피 붕괴와 몰락에 지면한 사회 속 피해자들의 서사이며, 성공과 유행은 관객이 현실에서 마주하는 불안과 공포, 사회적 차원으로 확산된 정신 병리를 자양분 삼아 먹고 자란 결과이다. 언제부터인가 더 나은 사회를 꿈꾸는 사회적 상상력의 실종과 부재, 전망 없는 세계관이 대중오락을 성립시키는 전제 조건이 되었다. 그리고 이와 같은 파국 일변도의 서사는 한국 내에서 홍행하는 데 그치지 않아 스트리밍 서비스의 국제적 파급력에 힘입고, 20세기의 기나긴 연장이었던 기성의 질서가 무너져내려가는 세계사적 흐름과 공교롭게도 조우해 시너지를 일으켰다.

수치상 얼마만큼의 조회 수를 기록하고 국제적인 성공을 거두었는지를 운운하며 열광하고 자축하는 짓은 문자 그대로 '공기를 읽지 못하는' 짓거리에 불과하다. 중요한 건 영화와 드라마들이 보이는 일련의 경향성을 통해서 이들 작품을 소비하고 반응하는 오늘날 대중 관객들이 공유하는 집단무의식과 세계관을, 'K의 공기'에 담긴 정서적 리얼리티를 읽어내는 데 관심을 기울이는 일이다. 시대의 문화적 산물은 당대의 사람들이 느끼는 근본적인 '기분'에 조응하지 않으면 성립되지 않으며, 그렇기에 우리는 이를 통해 시대의 심연에 자리한 진실, 즉 '시대의 공기'를 마주할 수 있을 것이다. 설령 그것이 정면으로 마주하고 싶은 그리 유쾌한 성질의 것은 아니겠지만, 시대를 궁지에서 건져낼 몇몇 유용한 일리 —理 의 조각이나마 건져낼 수 있을지도 모른다. 「공기의 연구」의 마지막 문장을 인용하는 것으로 맺고자 한다.

"어떻게 주술적인 속박을 끊고 거기에서 벗어날 것인가? 그것을 새롭게 파악하는 것, 그것만이 거기에서 벗어나는 길이다. 사람은 무언가를 파악했을 때 지금까지 자기를 구속하던 것을 거꾸로 구속할 수 있고, 다른 위치로 이미 한 걸음 나아간다. 사람은 '공기'를 진정으로 파악할 수 있을 때 비로소 공기의 구속으로부터 벗어난다. 중략 이처럼 인간의 진보는 언제나 느릿느릿한 한 걸음씩 축적되는 것이며, 그 밖에 다른 진보는 있을 수 없다."

심상교

부산교육대학교 국어교육과 교수, 고려대 국어국문과와 동대학원을 졸업했다. 동해안별신굿과 영남지역 민속가면극을 중심으로 전통연희의 연행성 등을 연구하고 있다. 요즘은 한국 민속신앙 속의 신격에 대해 연구하고 있다.

기분,
화이트 트라우마를
유지하는 방식

화이트 트라우마. 트라우마라는 단어는 많이 들어봤어도 화이트 트라우마라는 단어를 들어본 적은 없을 것이다. 트라우마는 알다시피 부정적 경험이 삶의 전반에 불행한 일을 결과한다는 내용을 담고 있다. 그런데 긍정적 경험이 삶에 지속적인 행복 에너지로 작용하는 경우도 있다. 긍정 경험이 행복 에너지를 반복적으로 생산하는 경우를 화이트 트라우마라고 한다. 화이트 트라우마는 트라우마의 반대 개념인 셈이다. 트라우마라는 단어에는 부정적 경험이 불행한 일을 낳을 수 있다는 의미만 있지, 그 반대 개념은 들어 있지 않다. 화이트 트라우마는 필자가 새로 만든 단어이나 트라우마의 반대 상황을 설명하는데 상당히 적절하다.

행복 에너지는 즐거운 마음 상태를 결과하고 즐거운 마음 상태는 즐거운 기분을 결과한다. 이 즐거운 기분을 만드는 원동력이자 즐거운 기분을 유지하는 상태가 화이트 트라우마라고 할 수 있다. 그렇다면 화이트 트라우마는 어떻게 얻어지는가. 여행, 독서, 예술 감상, 만남, 창작 등을 통해 얻어진다. 물론, 여행이나 만남도 의미 있고 즐거워야 한다. 짜증나는 여행이니 만남은 트라우마가 되지 화이트 트라우마는 되지 않는다

연례적인 세시풍속이나 민속신앙인 마을 굿도 화이트 트라우마가 된다. 추석이나 설날에 여행도 하면서 가족을 만나는 일이 즐거운 기분을 생산하는 화이트 트라우마로 작용할 수 있다. 명절 후 이혼 건수가 증가한다는 보도도 있었지만, 대체로 세시풍속은 즐거운 기분으로 연결된다. 민속신앙인 마을풍어제도 마찬가지다.

풍어제는 대체로 항구 어판장에 천막을 치고 연행한다. 임시 가설 굿당이 마련되는 셈이다. 이러한 풍어제는 마을어촌계, 부녀회, 청년회 등 어촌마을 전체가 합심하여 개최한다. 풍어제가 열리는 동안은 출어를 하지 않고 굿을 여유 있게 즐긴다. 어촌 구성원 중에는 굿을 기피하거나 혐오하는 사람도 있어 모든 마을 사람들이 굿에 참여하는 것은 아니다. 가설 굿당 안에서 굿 연행을 즐기는 할머니들한테 가끔 질문한다. 굿의 어떤 점이 좋으세요. 굿을 보면 즐겁습니까.

굿을 보면 다음 굿까지 이 굿 힘으로 살아가지. 안하면 섭섭해서 못견디지. 굿 보며 성황님께 자식들 잘되게 해달라고 빌면 마음이 편해. 아들 바다에 나가 사고 없이 만선 점지해달라고 빌어.

원하고 바라는 대로 이뤄지는 것은 아니다. 하지만 굿을 통해 위안을 얻고 화이트 트라우마를 갖게 되는 것이다. 즉, 즐거운 기분을 유지하는 원천을 갖는 것이다. 순례길이나 둘레길을 걷고 난 기분과 다를 바 없을 것이다.

아포리아. 고대 그리스 철학에서 인간이 사물이나 현상과 관련되어 마땅한 해결 방도를 찾을 수 없는 난관에 봉착한 상황을 아포리아라고 했다. 아포리아에서 벗어나기 위해 소크라테스는 아포리아와 관련된 질문을 지속적으로 던졌다. 지속적 질문에는 따지고 캐묻는 방식에 옳고 그름을 판단하는 내용이 들어 있었다. 그래서 지속적 질문을 통해 좋은지, 나쁜지를 알게 하고 옳고 그른 것을 판단하게 하였다. 소크라테스는 지속적으로 질문을 던지지 않으면 정해진 운명 속에 살게 된다고 하였다. 운명을 정하는 사람은 지배자나 주인 혹은 권력자이고, 정해진 운명 속에 사는 사람은 노예다. 이 때문에 주인이 정해 놓은 대로 살아가는 노예가 되지 않으려면 상황에 문제를 제기하면서 이에 대한 해결책을 찾도록 노력하면 민주적 주체로서 살게 된다고 하였다. 소크라테스가 말한 정해진 운명은 신이 정해 놓은 운명과 관련된 점은 거의 없고 사회 정치적 의미의 운명과 관련되는 부분이 많았다.

그런데 소크라테스의 제자 플라톤에 이르면 미래에 대한 두려움과 죽음이 스며들기 시작한다. 미래에 대한 두려움과 죽음은 전쟁 등의 참화로 절망적 시대를 사는 현실이 반영된 것이다. 이생에서 험악하게 살지만 다음 생에는 좀 더 나은 삶을 살 수 있기를 기대하는 윤회의 개념이 그의 철학에 들어 왔던 것이다. 플라톤은 보이지 않는 어떤 이상을 탐구하는데 집중했는데, 이 이상은 뜻밖에도 윤회와도 연결되는 것이다. 보이지 않는 것, 이상적인 것이 뭐 대단히 특별한 것이 아니라 지극히 현실적인 것이었다. 보이지 않는 비물질적 세계에 대한 플라톤의 탐구는 영혼과 육체가 분리된다는 점에 닿아 있다. 영혼은 육체에 갇혀 있는 비 물질로 인간이 죽으면 육체로부터 해방된다고 하였다. 해방된 육체는 이전과 다른 육체를 선택할 수 있고 그 결과로 이전과 다른, 즉 전생과 다른 한 세상을 살 수 있게 된다는 주장까지 폈다. 플라톤의 이런 생각들은 보이지 않는 진리의 세계를 탐구하는 철학에서 나온 것이다. 보이는 것은 감각되는 것이고, 우리가 진정 추구해야 하는 것은 보이지 않는 어떤 것인데 이를 이데아라 했다.

이데아는 현실 속의 인간 기분을 고조시키는 화이트 트라우마라고 할 수 있다. 전쟁과 삶의 난관 속에서 꿈을 이룰 수 없는 아포리아에 빠진 자신을 한탄하던 플라톤이 만들어 낸 탈아포리아적 지향이 이데아라고 할 수 있다. 성황신에게 혹은 달에게 내 삶을 구원해달라고 기원하는 모습과 크게 다르지 않다. 그런데 이데아라고 하면 왠지 그럴듯해 보인다. 사이비 같지도 않다. 플라톤은 이데아를 감각되는 것이 아니라 지성이나 이성으로만 파악된다고 했다. 수학적 진리를 통해 철학적 사유를 재정비한 플라톤이지만 절망 속에서 새로운 것을 찾아 심오하게 탐구한 사유의 결과는 범부의 사유와 다를 바가 없다. 아포리아를 넘어서는 방식, 운명을 대하는 방식, 보이지 않는 진리의 세계를 바라보는 방식 등은 일상 속의 우리와 많이 닮았다.

이데아가 인간을 위로하고 인간의 기분을 좋게 하는 과정에 필요한 뭔가를 지칭하는 단어라는 점에서 민속신앙과 흡사하다. 할머니들이 가설 굿당 안에서 굿을 보며 기원하는 방식과도 비슷하다. 난관에 처했을 때 긍정의 힘을 갖고자 반복적으로 어떤 대상에게 갈구하는 것은 어떤 대상에게 질문을 던지는 것과 같다. 질문을 통해 아포리아에서 벗어나려고 갈파했던 소크라테스적 철학 행동이 우리의 민속신앙에서도 나타난다.

민속신앙은 세계 어느 나라에서나 오래된 이데아 찾기였고 화이트 트라우마 유지였다. 자신의 힘으로는 어쩔 수 없는 어떤 힘에 조정되는 상황에서 벗어나고 싶을 때 혹은 사회구조 속에서 어쩔 수 없이 살아야 하는 운명에서 벗어나고 싶을 때 이데아에 의존하는 삶을 산 것이다. 밝은 기분을 딛고 새로운 세계로 도약할 때 민속신앙, 이데아가 필요했던 것이다. 이런 현상은 지금도 사회와 우리들의 정신 곳곳에 남아 있다. 앞세울 이유는 전혀 없지만 함께 가지 못할 이유도 없다. 그렇다면 밝은 기분의 응집체인 화이트 트라우마, 환언하여 민속신앙·이데아·탈아포리아적 지향은 어떻게 찾아지고 유지되었을까. 여러 곳에 있을 것이나 마을풍어제에서 뭉게뭉게 피어오르는 밝은 기분, 화이트 트라우마를 찾아보자.

2023년 2월 5일부터 8일까지 부산 기장군 일광면 학리에서 국가무형문화재 제82-1호 동해안별신굿 학리별신굿이 있었다. 50대 이상의 부산 사람이라면 일광을 모를 사람 없고 학리항을 모를 사람이 없다. 바로 그 학리항 어판장에 천막을 가설하고 3박 4일간 명타고 복타고 재수왕기 타라고 마을풍어제가 성대히 열렸다.

동해안별신굿은 신이 내리지 않은 무당들이 연행하는 국악

2023년 2월 5일 학리별신굿 회센타굿(회센타 영업 대박 기원굿). 주무 : 홍효진

공연이라고 생각할 수 있다. 동해안 지역에서 마을풍어제를 하는 무당들은 언어 감각과 기억력이 뛰어난 예능인이다. 그들은 서너 시간씩 무가를 연창하고 전문 국악인도 따라 하기 힘든 가락을 연주한다. 여자 무당은 무가를 부르며 공수 덕담을 하며 남자 무당은 장고, 징, 꽹과리, 쇄납 등으로 무가에 맞는 음악을 연주한다. 굿이 연행되는 제당 안에는 제단이 만들어져 있다. 제단 위에는 신의 좌정을 위해 종이로 꽃을 만들어 장식한다. 그리고 굿이 연행되는 지역의 특산물로 만들어진 제수를 진설한다. 제단 주변에는 탑등, 초롱등, 용선 등을 장식하고 굿당 밖에는 허개등을 높이 단다. 탑등은 신들이 굿당으로 올 때 타고 오거나 탑등의 빛을 보고 온다. 용선도 굿당으로 오는 신들이 타고 온다. 신들이 원래의 자리로 갈 때 역시 용선을 타고 간다. 죽은 사람이 저승갈 때 타고 가는 배를 흔히 용선이라고 한

타인

다. 동서양을 막론하고 이승과 저승을 가르는 지점에는 강이 있다. 이 강을 건널 때 필요한 것이 용선이다.

학리마을굿은 학리 주민을 대상으로 하는 만큼 많은 주민들이 오고 갔다. 굿이 연행되는 동안 가설 굿당 옆에는 가설 굿당만한 식당 천막이 세워졌다. 굿을 보러 오는 사람들이 식사를 하고 음복의 절차를 갖는 곳이다. 음복은 현실적인 신성 행위다. 음복은 제례나 굿의 의미가 내 몸 안으로 들어오는 기분을 느끼게 한다. 세계 여러 곳에서 제례 때 술을 사용한다. 신성한 기운을 내 몸 안에 넣기 위함이었을 것이다. 음복 잔에는 사실 술이 들어 있을 뿐이다. 음복했다고 신성의 기운이 몸 안으로 들어오고 복이 겨워진다면 사람들은 매일 제례를 지내고 음복을 했을 것이나 그렇지 않다. 술을 마시면 기분이 좋아지는 현상을 신과 연결시켜 화이트 트라우마를 만들어 낸 이데아적 행

2023년 2월 5일 학리별신굿 문굿(굿 시작의 문을 여는 의미).
주무:김동언(기장오구굿 예능 보유자)/김동열(기장오구굿 예능 보유자)

동이 음복인 것이다.

굿이 연행되는 동안 학리항구 잔잔한 바다에 방어 같은 커다란 물고기들이 왔다갔다 한다. 이 물고기들을 바라보는 것도 학리마을굿을 감상하는 포인트다. 굿을 만끽하러 먼 바다로부터 많은 바다 신들이 학리항구로 친히 다가온 것으로 볼 수 있다. 그 물고기들은 바다 신들일 수도 있지만 영정 신들일 수도 있다. 바다에서 어이없게 생을 마감한 수부들이 떼로 몰려와 하루 즐겁게 굿밥을 먹고 가는 것일 수도 있다.

학리마을굿은 하루 10시간 정도 실연되었다. 4일간 총 35개의 굿을 실연하였다. 가설 굿당에서 가망굿을 시작으로 본격적인 굿이 시작되기 전에 제주집과 할배당, 광대마당 나루멕이, 회센터축원굿, 장군당, 할매당에서도 굿이 열렸다. 할배와 할매는 마을의 성황신이다. 마을에 가장 먼저 들어온

2023년 2월 5일 학리별신굿 성주굿
(집안 최고의 신을 위한 굿/ 갓을 쓰고 부채와 징채를 든다). 주무 : 김동언

2023년 2월 5일 학리별신굿 가망굿(가망은 조상을 의미).
주무:김동연(국가무형문화재 동해안별신굿 전승교육사)

조상이라고 보면 된다. 광대마당 나루멕이와 장군당에서의
굿은 학리를 지켜주는 신들을 모시는 굿이다. 바닷가 방파제
옆에 천막으로 된 회센터가 줄지어 있는데 이들의 영업 대박
을 위한 굿도 진행되었다. 동해별신굿보존회의 무당 선생님
들은 마을굿의 특성을 잘 흡수하여 굿 연행으로 보여주어 마
을 주민들의 높은 호응을 받았다. 가설 굿당 앞에서 대잡이굿
을 마치고 가설 굿당에서 본격적인 굿을 이어갔다. 대잡이굿
은 10미터 이상의 가는 대나무를 마을주민이 잡고 선다. 내
림대로 하여 마을의 안녕을 기원하는 굿을 하면 내림대의 흔
들림 등을 통해 그 기운이 시각적으로 확인된다. 마을 주민이
의도적으로 대나무를 흔들 수도 있지만 사람들은 신의 기운
이 전해지는 현상으로 생각하기도 한다.

　　3박 4일 동안 연행된 굿은 다음과 같다. 1.제주집 부정굿 -

2. 제주집굿 - 3. 할배당 부정굿 - 4. 할배당 당맞이굿 - 5. 광대마당 부정굿 - 6. 회센터 축원굿 포장마차굿 - 7. 장군당굿 박이장군/최이장군 - 8. 할매당굿 부정굿/ 가망굿/ 세존굿/ 성주굿/ 천왕굿/ 8.1부정굿에 이어 8.2가망굿 - 8.3세존굿 - 8.4성주굿 성주신체 할매당에 붙이기 - 8.5천왕굿 - 9. 대잡이 - 10. 문굿 - 11. 가망굿 어판장 가설굿당에서 시작 - 12. 세존굿 천왕곤반/ 중도둑잡이놀이 - 13. 축원굿 - 14. 제석굿 - 15. 손님굿 - 16. 산신굿 - 17. 천왕굿 - 18. 성주굿 - 19. 축원굿 - 20. 부인굿 - 21. 용왕굿 - 22. 심청굿 - 23. 학신굿 - 24. 축원굿 - 25. 걸립굿 - 26. 대신굿 - 27. 장수굿 - 28. 월래굿 - 29. 대잡이 내림대 - 30. 뱃노래 - 31. 거리굿 등이다.

제주집굿은 굿 서막을 여는 굿으로 굿을 통해 마을이 안녕하고 풍어를 기원하는 발원이 집중된다. 대잡이굿은 마을의 발원을 골매기신께 아뢰고 골매기신의 뜻을 마을에 전달하는 내용으로 구성되는데 이 또한 핵심 굿거리라고 할 수 있다. 마을 풍어제를 보는 학리 주민들의 반응은 매우 뜨거웠다. 코로나19로 여러 해 연행을 하지 못했던 풍어제라 학리 사람들은 그 어떤 콘텐츠로도 채울 수 없던 삶의 밝은 기분이 무한대로 발산되고 충전되어 화이트 트라우마가 충만되는 풍어제를 연행하였다. 제주 위원장, 이장, 어촌계, 여경로회, 해녀회 등의 마을 구성원들이 굿 연행과정에서 그리고 놀음굿 등에서 열화와 같은 반응을 보이기도 했다. 일상에서 집단이 공통으로 가질 수 있는 기분의 절정을 보여 준 셈이다.

타인

아크 ARCH-
공존을 위한 인문 무크지 6 **기분**

ⓒ 2023, 상지인문학아카데미 Sangji Humanities Academy

글쓴이	강동진 김종기 류영진 박유정 박형준
	송철호 심상교 오선영 이성철 이성희
	이한석 장현정 장희창 정 훈 조광수
	조봉권 조재휘 차윤석
초판 1쇄	2023년 06월 30일
발행인	허동윤
고 문	이성철
편집장	고영란
편집위원	박형준 장현정 정 훈 조봉권
도 움	서동하 김혜진
디자인	전혜정
기 획	㈜상지엔지니어링건축사사무소
주 소	부산광역시 중구 자갈치로42 신동아빌딩 5층
전 화	051-240-1527~9
팩 스	051-242-7687
이메일	sangji_arch@nate.com
출판유통	㈜호밀밭 homilbooks.com

ISBN 979-11-6826-110-5 04060
ISBN 979-11-90971-13-3 04060(세트)

환대

031

소통

상지인문학아카데미
잇츠시네마

23.05.24~ 24.04.17 오후 6시 30분

		진행
1강 5/24(수) **어나더 라운드**		장현정 대표 (주)호밀밭
2강 6/21(수) **다음 소희**		이성철 교수 창원대 사회학과
3강 7/19(수) **자산어보**		안도경 교수 서울대 정치외교학부
4강 8/23(수) **너의 눈을 들여다보면**		류준필 교수 서울대 중어중문학과
5강 9/20(수) **또 바람이 분다**		김이석 교수 동의대 영화학과
6강 10/6(금) **우연과 상상**		정성일 감독 영화평론가

		진행
7강 11/22(수) **낙엽귀근**		이정훈 교수 서울대 중어중문학과
8강 12/20(수) **운디네**		차윤석 교수 동아대 건축학과
9강 1/24(수) **애프터 양**		조원희 감독 부산국제영화제 커뮤니티비프
10강 2/21(수) **가버나움**		조재휘 영화평론가
11강 3/20(수) **패러렐 마더스**		정미 프로그래머 부산국제영화제 커뮤니티비프
12강 4/17(수) **장기자랑**		박형준 교수 부산외대 한국어교육전공

가입 신청 바로가기

상지 (주)상지이앤에이/엔지니어링건축사사무소   COMMUNITY 부산국제영화제 커뮤니티비프   모퉁이 관객문화협동조합 모퉁이

정두환의

음본세

음악으로 본 세상 이야기

문화유목민 정두환이 음악으로 본 세상 이야기

음악이라는 소리를 소재로 세상을 살펴보고 이야기를 풀어가는 시간이다.
천재라는 분야가 유일하게 남아있는 '음악'. 그 음악의 본질은 사람을 이해하는 것이다.
동시대의 삶을 이해하기 위해서는 다양한 장르가 필요하며 각각의 지성과 이성, 그리고 본성이 만날 때 시대를
읽어내는 힘은 더욱 커질 것이다. 이는 각자의 삶을 풍요롭게 함과 동시에 더불어 살아가는 사회의 중요성을
느끼게 되는 길이다. 음악을 통해 서로를 위로하고 위안 받을 수 있는 시간이 되길 기대한다.

1회	02.22	음악은 왜 사람을 사로잡는가!
2회	03.15	음악_ 봄이 오는 소리를 듣는다.
3회	04.26	음악_ 그대 이름은 인문학.
4회	05.31	음악_ 그리운 그 대상의 미학.
5회	06.28	음악_ 공간에서 만나다.
6회	07.26	음악_ 광장에서 만나다.
7회	08.30	음악_ 책에서 소리를 듣다.
8회	10.25	영화음악의 이야기(영화음악 작곡가1)
9회	11.29	영화음악의 이야기(영화음악 작곡가2)
10회	12.27	그대 마음이 머무는 곳에.

※ 9월은 추석 연휴로 휴강입니다.

일정 및 장소

매월 마지막 주 수요일
오후 6시 30분 상지건축 대회의실
부산 중구 자갈치로42 신동아빌딩 5층

문의

상지건축
대외협력본부
전화 051-240-1526, 1529

주관·주최ㅣ (주)상지이앤에이/엔지니어링건축사사무소 (홈페이지) http://www.sangji21c.co.kr 블로그 blog.naver.com/osangji

SINCE 1974, 삶과 사람 속 상지건축 50년

상지건축 창립50주년 특집 인문학아카

S·E·A Sangji Envir & Archite

상지건축 창립50주년 특집 인문학아카

21세기 동시대 미술 in 부산

서양미술과 미학의 창 – 21세기 동시대 미술에 대하여

매월 격주 화요일 오후 3시 **상지건축 대회의실**
부산 중구 자갈치로42 신동아빌딩 5층

시즌 1 **23.04.11 ~ 23.09.19**

강사 김종기
독일 훔볼트대학교 철학박사, 부산민주공원관

1강 23.04.11

오리엔테이션 1
도상학과 도상해석학, 전경과 후경 / 재현의 원리

2강 23.04.25

오리엔테이션 2
모더니즘의 4현상과 탈재현

3강 23.05.09

컨템퍼러리 아트란 무엇인가 1
컨템퍼러리 아트의 전사 - 모더니즘과 아방가르드,
포스트모더니즘

4강 23.05.23

작가와의 만남 1 : 정철교 작가
정철교, <1972~2022 내가 나를 그리다>

5강 23.06.13

컨템퍼러리 아트란 무엇인가 2
포스트모더니즘의 종말과 컨템퍼러리 아트 1

6강 23.06.27

컨템퍼러리 아트란 무엇인가 2
포스트모더니즘의 종말과 컨템퍼러리 아트 2

7강 23.07.11

컨템퍼러리 아트의 다양한 발현 양태 1
니콜라 부리오의 관계 미술과 관계 미학 1

8강 23.07.25

작가와의 만남 2 : 정희욱 작가
얼굴, 기관 없는 신체 만들기 - 정희욱의 돌

9강 23.08.08

컨템퍼러리 아트의 다양한 발현 양태 1
니콜라 부리오의 관계 미술과 관계 미학 2

10강 23.08.22

컨템퍼러리 아트의 다양한 발현 양태 2
세계화 시대의 탈식민주의 미술 1

11강 23.09.05

컨템퍼러리 아트의 다양한 발현 양태 2
세계화 시대의 탈식민주의 미술 2

12강 23.09.19

작가와의 만남 3 : 김준권 작가
김준권 판화전, <칼의 노래, 판의 노래, 삶의 노

도시의 삶과 죽음,
존엄에 대하여

지서울
문학
아데미

023.
5.11 – 12.14
PM 3 – PM 5
지서울

목), 오후 3시-5시
란 무엇인가?
은 어디고, 나는 어디로 가고 있는가?
균 교수/서울대학교 지리교육과 교수

목), 오후 3시-5시
에서의 삶(1) : 자살
환 교수/성균관대 국어국문학과 교수

목), 오후 3시-5시
에서의 삶(2) : 존엄한 죽음(조력 존엄사 논쟁)
환 교수/성균관대 국어국문학과 교수

목), 오후 3시-5시
대전환, 능력주의 교육에서 존엄주의 교육으로
의 교수/중앙대 독문과 교수

목), 오후 3시-5시
노년의 삶
숙 작가/여성주의 생애사연구소 소장

목), 오후 3시-5시
에서의 존엄한 쉼은 어떻게 가능할까?
필 교수/서울대 아시아도시사회센터

목), 오후 3시-5시
에서 꿈꾸는 공동체 : 전환, 원환, 그리고 순환
박사/소셜랩 접경지대 소장

목), 오후 3시-5시
대한 권리와 바꾸침의 정치
교수/서울대학교 지리교육과 교수

외협력본부, 운영지원본부

원 필참
사정에 따라 변동 가능 有

상지
SEA
Sangji Environment
& Architects Inc

상지인문학아카데미
연회원 가입 안내

상지인문학아카미는 어렵고 따분한 인문학이 아니라
일상에서 만나는 인문학, 삶의 질을 높이는 인문학을 지향합니다.
지역 인문학자들과 함께 동반성장하는 상지인문학아카데미로 여러분을 초대합니다.

인문무크지 아크
정기 구독 ❯

24,000원

- '상지인문학아카데미'
  강좌 일정 안내 문자 발송

- '상지인문학아카데미'
  캐릭터 굿즈(노트, 볼펜) 제공

- 가입 즉시 '인문무크지 아크'
  신간 정기 배송(연 2권)

인문학아카데미
연간 회원 ❯

50,000원

정기 구독 혜택 모두 포함

- '상지인문학아카데미'
  무료 행사 우선 초대
  유료 행사 초대

인문학아카데미
후원 ❯

100,000원
이상

연간 회원 혜택 모두 포함

- 진영섭 작가 작품(소품) 증정

유효기간은 가입일(결제일)로부터 1년입니다.
가입 문의: 051-240-1526, 1529

❯ **입금 계좌**
부산은행 101-2064-9382-09
예금주: (주)상지엔지니어링건축사

가입신청 바로가기

4, 상지 창립 50주년
ON 2030
I과 기술을 통한 가치창조 "Go Forward"

"건축, 그것은 우리 사는 세상을
세우는 작업의 시작입니다."

건축설계 Design
일반 주거건축, 리모델링, 공공디자인, 도시설계, 재개발

건설사업관리 Construction Management
건축, 기계, 토목, 구조, 전기, 소방, 통신, 조경, VE

부설연구소 Architecture Institute
친환경 재생에너지, 해양건축, 도시재생, 타당성연구

상지인문학아카데미 | 인문무크지 아크 ARCH-

북항 2단계 재개발 사업화 전략 아이디어 개념구상 국제공모 당선작

I앤에이/엔지니어링건축사사무소
자갈치로 42 신동아빌딩 5층 TEL.051-247-0208
gji21c.co.kr

(주)에스이에이건축사사무소
서울 강남구 자곡로 174-10(강남에이스타워) 909호 TEL.02-2051-0650
www.sea-arch.co.kr

(주)디에스에이건축사사무소
대구시 중구 국채보상로 744(동인동4가) 2층 TEL.053-422 0200
www.archidsa.co.kr

High, POLE

반갑습니다
우성종합건설이 선보이는
프리미엄 브랜드의 새이름

기대됩니다
집의 높이보다 삶의 깊이에
집중된 공간의 새로운 경험

우성종합건설

[최근 주요 사업실적]

청학 우성스마트시티·뷰
(2022. 5월 준공)

감만 우성스마트시티·뷰
(2023. 3월 준공)

주례 열린도서관
(2023. 12월 준공 예정)

우성 라파드 더테라스
(2024. 2월 준공 예정)

[2023년 사업예정지]

부산 금정구 부곡동
부산 해운대구 송정동
부산 남구 용호동
울산 남구 신정동

모두가 꿈꾸던, 빛나는 삶의 중심이자 지표 -
더폴과 함께 **우성**이 만들어 가겠습니다.

우성종합건설의 첫 프리미엄 브랜드
THE POLE